この1冊ですべてわかる

新版
# コーチングの基本
The Basics of Coaching

鈴木義幸 [監修]
Suzuki Yoshiyuki

コーチ・エィ [著]
COACH A

日本実業出版社

# はじめに

　『コーチングの基本』の初版発行から10年が経とうとしています。この間、コーチングを巡る環境は大きく変化してきました。
　コーチングとは、「1対1の対話によって、クライアント（コーチを受ける人）が目標達成に必要なスキルや知識、考え方を備え、行動することをサポートする」プロセスです。
　初版発行時の2010年前後は「人材開発」の領域でコーチングを活用する企業が増え、大手企業を中心に、リーダー育成やコミュニケーションスキル向上などを目的としたコーチング研修が盛んに行なわれていました。関係書籍も多く出版され、本書もその中で発行されたものです。

　この10年、ビジネス環境が変化するのに伴い、コーチングの領域にも変化がありました。主だったものは、次のような傾向です。

### ①エグゼクティブコーチをつける経営者の増加
　VUCA（Volatility:不安定、Uncertainty:不確実、Complexity:複雑、Ambiguity:曖昧）の時代となり、一部上場の大企業の経営者から中小企業の経営者まで、エグゼクティブコーチをつける経営者が増えています。コーポレートガバナンス強化の必要性の高まりからも、経営メンバー全員にエグゼクティブコーチをつけ、経営チームの一枚岩化を目指す流れが出てきました。

### ②「組織開発の手段」としてコーチングを全社導入する組織の増加
　イノベーションの創出、グローバル化の促進、ダイバーシティーの推進、働き方改革の実現などに向け、「組織内コミュニケーション」のあり方が見直されています。リーダー開発やマネジメント手法といった「人材の能力開発」としてだけでなく、「組織開発」の手段としてもコーチングが注目されています。

### ③エビデンスに基づいたコーチングへのシフト

「組織開発の手段」としてのコーチング導入により、プロジェクトが大型化する傾向があります。AI化の促進などに伴い、組織診断やリーダーシップアセスメントなど、リサーチやデータ分析が併用されるようになりました。効果測定を前提としたコーチングへの信頼性が高まっています。

### ④マネジメントの基本が「1対1の面談」にシフト

スピードが求められるなか、マネジメントの軸を評価面談から定期的な「1対1」の面談にシフトする企業が増えています。コミュニケーション不足による認識の相違や長時間労働の軽減、業務の効率化、離職率の低下に向けて、上司がコーチング型マネジメントを学び、部下と定期的に対話することでPDCAの高速化などを実現しています。

### ⑤ビジネスからスポーツ、医療、行政、教育への広がり

製造業を中心に、金融、IT、新興ビジネス、さらにはスポーツ界、医療、行政、教育の分野でも組織変革型のコーチング導入が広がっています。組織でハブとなるリーダー層に1対1のコーチがつき、コーチング型マネジメントの手法を駆使しながら「対話文化の醸成」「風土の活性化」「理念の浸透」など組織全体の業績向上やパフォーマンスの向上に取り組む例が増加しています。

### ■本書の構成

こうした流れを受け、新版では「効果的なコーチング」を学ぶ入門書としての位置づけを維持しつつ、「組織開発の手段」としてコーチングを導入する企業の例にも触れています。

まず、第1章でコーチングの定義と全体像を説明し、「コーチングとは何か」を解説します。

第2章と第3章では、コーチがもつべき視点と、コーチングに不可欠な原則をまとめました。「コーチングの基本」をこれほど丁寧に解説した書籍は、今なお類を見ないのではないでしょうか。

第4章からは実践編です。実際のコーチングの流れを各ステップで紹介

しています。「コーチング型マネジメント」の参考にしていただくことが可能です。

　第5章では、コーチングの基本スキルを簡潔にまとめたうえで、ある企業の経営者をコーチングする具体的な対話例を掲載しました。コーチングのイメージが伝わるよう、あえて「個の開発」としてのエグゼクティブ・コーチングの事例を紹介しています。

　第6章では、2010年以降に進んでいる「組織開発」を目的にコーチングを多層的に導入する企業の事例を紹介しています。

　一般のビジネスパーソンの方を対象とした基本書でありながら、プロのコーチとして活躍する方も読み続けていただける本書の新版の完成を嬉しく思います。

　本書が、「人や組織の可能性を開く」ことに取り組んでおられる皆さんに、少しでもお役に立てればこんなに嬉しいことはありません。

2018年12月

　　　　　　　　　　　　　　　　コーチ・エィ　代表取締役社長
　　　　　　　　　　　　　　　　　　　　　　　　鈴木義幸

新版　コーチングの基本〈目次〉

はじめに

# 第1章 コーチングとは何か

## 1-1 コーチングとは　　14
コーチングは目標達成を目指すもの
- ◆コーチングの定義 …… 14
- ◆コーチの役割 …… 15
- ◆コーチングは単なる「技術」ではない …… 16
- ◆コーチングの機能と特徴 …… 17
- ◆投資効果の高いコーチング …… 22

## 1-2 コーチは目標達成を支援する　　23
コーチングには「目標」が不可欠
- ◆「傾聴」や「質問」は手段にすぎない …… 23
- ◆目標が明確ではないとき、コーチングはできないのか？ …… 24

## 1-3 コーチングにおける「目標」と「目的」　　26
「目標」は「目的」へのマイルストーン
- ◆目標と目的はなぜ必要なのか？ …… 26
- ◆目標と現状の間に成長テーマを発見する …… 27
- ◆クライアントが成長テーマに直面することを支援する …… 28

## 1-4 マネジメントとコーチング　　29
コーチングは管理職の選択肢を増やす
- ◆管理職にコーチングスキルは本当に必要なのか？ …… 29
- ◆コーチングはマネジメントの柔軟性を高める …… 30

## 1-5 コーチングが機能する条件　　31
クライアントや部下の状態を見極める
- ◆誰がコーチングを必要としているのか？ …… 31
- ◆まずは、相手の精神状態を気にかける …… 32

- ◆相手の成長段階を見極める …… 32
- ◆意欲は高いが、業務適応能力が低い場合 …… 33
- ◆業務適応能力は徐々に向上しているが、意欲が低下している場合 …… 34
- ◆コーチングは緊急事態には不向き …… 36
- ◆成長の過大評価は禁物 …… 36
- ◆コーチングは使うタイミングがポイント …… 37

## 1-6 コーチングは可能性を探求する　38
コーチはクライアントの「変化」と「可能性」に着目する
- ◆クライアントの可能性に着目し続ける …… 38
- ◆何を見ようとしているかで何が見えるかが決まる …… 38
- ◆可能性への指摘が成長の資産となる …… 39
- ◆優れたコーチは変化を指摘し、成長を実感させる …… 40

## 1-7 コーチングは成長を探求する　41
コーチングのゴールは、クライアントの中に「成長のエンジン」をつくること
- ◆目標達成だけでは十分ではない …… 41
- ◆コーチはクライアントの習慣に挑戦する …… 42
- ◆クライアントの中に成長のエンジンを築く …… 42

## 1-8 コーチングの実際　43
①セットアップ→②実践→③振り返り、という流れで行なわれる
- ◆コーチングの開始 …… 43
- ◆コーチングをプランニングする …… 44
- ◆対話を通じてテーマを整理する …… 45
- ◆調査をし、確かめる …… 45
- ◆目的地にたどり着くストーリーを描く …… 46
- ◆目標を達成するための成長課題を明確にする …… 46
- ◆対話を通して軌道修正、フィードバックを繰り返す …… 47
- ◆目標達成→成長実感→自己効力感というプロセスでもある …… 48

# 第2章 コーチのもつべき視点

## 2-1 コーチがもつべき3つの視点　　50
クライアントの成長を促進するための「PBPの視点」
- ◆Possession, Behavior, Presenceという3つの視点 …… 50
- ◆コーチはPBPのうち何がいま必要なのか見極める …… 53

## 2-2 Possessionとは　　56
Possessionとはクライアントが「身につけるべきもの」
- ◆必要なものを明確にする …… 56
- ◆身につけるPossessionをコーチングで特定する …… 56

## 2-3 Behaviorとは　　58
Behaviorとは「行動を起こすこと」
- ◆行動を起こすためのコーチの役割 …… 58
- ◆行動が起きるまでに存在する4つの壁 …… 58
- ◆Possessionを現状に適用させる …… 59
- ◆使っていないPossessionを見つける …… 60
- ◆宣言することで「現状維持のバイアス」を乗り越える …… 60
- ◆行動をして振り返る …… 62

## 2-4 Presenceとは　　63
Presenceとは「人としてのあり方」
- ◆Presenceが行動を決定する …… 63
- ◆Presenceは体験によってつくられる …… 64
- ◆Presenceを自覚するのは難しい …… 65
- ◆3つの要素はそれぞれ影響し合っている …… 68

# 第3章 コーチングの3原則

## 3-1 コーチングの3原則とは　70
コーチに欠かせない3つの要素
- ◆プロのコーチが備えるべき「心」…… 70
- ◆双方向、継続性、個別対応という3つのマインド …… 70

## 3-2 双方向　72
双方向の対話で、クライアントの無意識を顕在化させる
- ◆双方向のつもりの会話と、双方向の会話の違い …… 72
- ◆クライアントの自走状態をつくることがコーチの役割 …… 73
- ◆双方向の会話で「無意識を顕在化」させる …… 74
- ◆たくさんアウトプットをさせることが重要 …… 75
- ◆オートクラインとパラクライン …… 76
- ◆オートクラインを起こすための対話 …… 77
- ◆質問でオートクラインを起こす …… 77
- ◆双方向が効果的な質問を生み出す …… 80
- ◆オートクラインを起こすために必要な信頼関係 …… 81
- ◆信頼関係のつくり方 …… 81
- ◆率直に要望して信頼関係を強める …… 82

## 3-3 継続性　84
継続的に関わることで、クライアントを着実に目標に近づける
- ◆継続して関わることでビジネス環境の変化に対応する …… 84
- ◆クライアントを目標に集中させる …… 85
- ◆コーチの役割は「意欲の向上」と「ズレの修正」…… 86
- ◆クライアントの意欲を維持向上させるための工夫 …… 87
- ◆「所属の欲求」を満たすアクノレッジメント …… 88
- ◆言葉以外でもアクノレッジメントできる …… 89
- ◆「所属の欲求」からのアピールを見逃さない …… 90
- ◆「自我の欲求」を高める方法 …… 90
- ◆ほめるための3種類のメッセージ …… 91
- ◆プロセスの中で、わずかでも成長を伝える …… 92
- ◆軌道修正の一例 …… 92
- ◆コーチは「フィードバック」で気づかせる …… 93

- ◆ さらに着実に近づけるための「リクエスト」…… 94
- ◆ クライアントのことをどれだけ知っているかが重要 …… 95

## 3-4 個別対応

クライアント一人ひとりに合ったコーチングを行なう

- ◆ 個別対応を実行した小出義雄監督 …… 97
- ◆ 個別対応の難しさ …… 98
- ◆ 個別対応はテクニックを使う前提になる …… 99
- ◆ テーラーメイド医療のようなコーチングを …… 99
- ◆「タイプ分け」が個別対応するための切り口になる …… 101
- ◆ コーチは、一度貼ったレッテルを貼り替え続ける …… 103
- ◆ コーチングの3原則は同時に実行されるもの …… 104

# 第4章 コーチング・プロセス

## 4-1 コーチング・プロセスとは

コーチング・プロセスは目標達成までのコーチングの流れ

- ◆ 6つの基本ステップ …… 106
- ◆ 中でも重要な3つのステップ …… 110

## 4-2 「目標の明確化」のポイント

真に達成したいWant to型の目標を見つけ出す

- ◆ コーチングにおける目標の重要性 …… 111
- ◆ 目標設定の難しさ …… 111
- ◆ 本当に達成したい目標は簡単にはわからない …… 113
- ◆ 憧れの目標（Hope toの目標）は熱しやすく冷めやすい …… 115
- ◆ 本気かどうかを確かめる方法 …… 115
- ◆ Have toの目標とWant toの目標の違い …… 117
- ◆ Have toの目標をWant toの目標に引き寄せるには …… 118
- ◆ 何のために仕事をするのか？ …… 119
- ◆ 目的の視点から目標を意味づけする …… 120
- ◆ Want toは探し続けなくてはいけない …… 122
- ◆ 目標はいつまでに決めなくてはならないか …… 123

- ◆ Want to目標の手がかりは過去にある …… 124
- ◆ 業績目標だけではなく成長目標を設定する …… 125
- ◆ 他者の行動・変化・成長を目標に設定しない …… 126
- ◆ 目標は継続的にリマインドする …… 126
- ◆ クライアントのための「目標」についてコーチする …… 127

## 4-3 「現状の明確化」のポイント　128
### 4つの視点を使い分ける
- ◆ 思い込みで現状を明確化するとどうなるか …… 128
- ◆ なぜ、現状は思い込みで分析されてしまうのか？ …… 129
- ◆ 映像や音声を活用して自己を客観視させる …… 131
- ◆ ステークホルダーからのフィードバックで自己を客観視させる …… 132
- ◆ クライアントを現実の自分と直面させる …… 133
- ◆ コーチのフィードバックによって自己を客観視させる …… 135
- ◆ クライアント自身に自己を客観視させる …… 135

## 4-4 「ギャップの原因分析」のポイント　137
### クライアントを「自責」の状態に導く
- ◆ 「他責」という落とし穴 …… 137
- ◆ すべての責任を自分に引き寄せて考える「自責」…… 138
- ◆ クライアントに「自責」の状態を選ばせる方法 …… 139

# 第5章 コーチングのスキルと実践例

## 5-1 コーチングの代表的なスキル　142
### 多用される7つのコミュニケーション技術を整理する
- ◆ 「聞く（傾聴）」スキル …… 142
- ◆ 「ペーシング」のスキル …… 143
- ◆ 「質問」のスキル …… 145
- ◆ 「承認（アクノレッジメント）」のスキル …… 147
- ◆ 「フィードバック」のスキル …… 147
- ◆ 「提案」のスキル …… 148
- ◆ 「要望（リクエスト）」のスキル …… 149

## 5-2 自動車メーカーのマネージャーのケース　　　　151
本当の目標を見つけ、コミュニケーション力に優れた管理職に成長
- ◆ ケースの概要 …… 151
- ◆ セッションの事前準備 …… 151
- ◆ クライアントとの出会い …… 155
- ◆ 理想の状態を描く …… 157
- ◆ エバリュエーションプランの設定から現状認識へ …… 164
- ◆ 理想と現実のギャップを捉え、行動の方向性を探る …… 170
- ◆ 行動計画をつくる …… 175
- ◆ 行動を開始させて、続けさせる …… 177
- ◆ 成果と成長を確認し、再現性と応用力をつけさせる …… 182

## 5-3 IT関連機器会社の社長のケース　　　　186
ビジョンの策定・浸透を通して、リーダーシップが大幅にアップ
- ◆ プレコーチング …… 187
- ◆ ビジョンの設定 …… 201
- ◆ 行動の実践 …… 205
- ◆ コーチングの急展開 …… 211
- ◆ エンディング …… 219

# 第6章 組織へのコーチング

- ◆ 組織全体に働きかける「システミック・コーチング」…… 226
- ◆ 組織開発型のコーチングにおける「リサーチ」と「効果測定」…… 229
- ◆ 目的にあわせた導入方法が必要 …… 230

## 6-1 コミュニケーションを可視化して経営チームの一体化に取り組んだケース　　　　231
部門間のつながりが向上し、業績がポジティブに変化
- ◆ コーチング導入の背景 …… 231
- ◆ プロジェクト設計 …… 231
- ◆ 取り組み内容 …… 232
- ◆ 1年後の成果 …… 233

- ◆経営チームの強化につながるエグゼクティブ・コーチングとは？ …… 233
- ◆エグゼクティブ・コーチングの次の取り組み …… 234

## 6-2 新社長へのエグゼクティブ・コーチングで組織の受け身な体質からの脱却と黒字回復を達成したケース　235

ITベンチャーのトランジション・コーチング

- ◆コーチング導入の背景 …… 235
- ◆プロジェクト設計 …… 236
- ◆取り組み内容 …… 236
- ◆コーチングによる変化 …… 237
- ◆エグゼクティブ・コーチングによる成果 …… 238
- ◆お客様から届いた感謝状 …… 239

## 6-3 管理職が現場でコミュニケーション変革に活用したケース　240

現場リーダーのコーチングで業務改善、技術力向上、残業時間削減を実現

- ◆コーチング導入の背景 …… 240
- ◆プロジェクトの概要 …… 242
- ◆事業部門長への報告に使われた組織調査の概要 …… 243
- ◆プロジェクト1年目〜2年目の成果 …… 243
- ◆プロジェクトの成功要因 …… 244

## 6-4 組織開発に向けてコーチングを全社導入したケース　247

部門を越えた対話の醸成によりイノベーションの創出へ

- ◆コーチング導入の背景 …… 247
- ◆社内コーチングプロジェクトの効果を高めた基本方針 …… 248
- ◆社内コーチングの実践に向けた支援体制 …… 250
- ◆コーチングの成果と社内コーチングの継続 …… 251

参考文献

索引

著者一覧

装丁デザイン／志岐デザイン事務所　秋元真菜美
本文組版／ダーツ

# 第1章
# コーチングとは何か

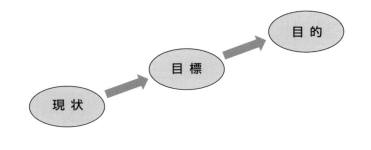

# コーチングとは

コーチングは目標達成を目指すもの

## コーチングの定義

本書では、コーチングが「目標達成を支援するプロセス」であることに着目し、次のように定義することにします。

### ❖ コーチングの定義 ❖

> コーチングとは、対話を重ねることを通して、クライアントが目標達成に必要なスキルや知識、考え方を備え、行動することを支援するプロセスである。

この定義から、コーチの役割、コーチがクライアントと何をするのか、その概要が見えてくるのではないでしょうか（本書では、自身の目標達成に向けてコーチを受ける対象を「クライアント」と呼びます）。

まず、コーチはクライアントが向かいたい方向、達成したい目標を明確にする必要があります。同時に、クライアントの目標達成に必要な知識やスキル、ものの見方や考え方を棚卸ししていきます。そして、知識やスキル、ものの見方や考え方をクライアント自身が継続的にバージョンアップし続け、その結果として目標を達成していく全プロセスを支援することがコーチの役割となります。

こうした役割に従って、コーチが現在進行形で行なう「対話」や「関わり」を総称してコーチングと呼ぶのです。

さて、ここで特徴的なことがあります。それは、「目標を設定し、その達成のプロセスを設計し、必要な行動をプログラム化する過程で主導権を握るのは、クライアント自身である」ということです。コーチが主導権を握ることはなく、あくまでも支援者というスタンスを取り続けますが、それは、コーチングの目的に由来するある意図に基づいています。「その意

図とは何だろうか？」。その点を意識しながらこの先を読み進めていただければと思います。

## コーチの役割

　コーチングでは、クライアント自身が達成したい目標を明確にし、解決の主導権を握ります。そのため、コーチがコンサルタントのようにクライアントの問題を分析し、その解決をクライアントに代わって行なうことはありません。また、コーチは、クライアントが目標達成のための知識やスキルを備えること、必要な考え方や態度を変えていくことに焦点を当てますが、心理カウンセラーが専門とするメンタルな問題を深く扱うこともしません。

　コーチの大きな役割の1つは、クライアントが自らの力で目標を達成するのを支援することにあります。具体的な支援の仕方は本書を通じて紹介しますが、代表的で典型的な支援の方法の1つが「質問」をすることです。

　コーチは、課題解決に向けた適切な回答を与える専門家ではありませんが、クライアント自身が自ら考え課題を解決していくため、適切な質問を与える専門家です。コーチの投げかける質問にクライアントが答えていく過程で、クライアントの視点が変わり、物事がはっきりし、発想が膨らみ、そして行動を起こす意欲が湧いてくる――そのようなプロセスをつく

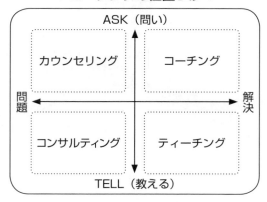

出典:『コーチング・マネジメント』(伊藤守/ディスカヴァー・トゥエンティワン)

り出すことがコーチに求められる支援のあり方といえるでしょう。

## コーチングは単なる「技術」ではない

　こうした支援を、偶然ではなく、クライアントの目標達成に向けて意図的に使いこなすことができたらとても便利です。コーチは、クライアントを支援するために、その「支援の方法」を知っておく必要があります。その方法が体系化されたもの、それがコーチングの「技術」です。本書では、可能な限り読者の皆さんに役立つ「技術」を紹介しようと思います。

　しかし、「技術」だけでコーチとしての支援は成り立つのでしょうか？

　このような疑問をもたれた方もいるでしょう。そのような感覚をもつのはとても大切なことです。実際、体系化された「技術」を駆使するだけでは、相手の目標達成を支援することはできない、と私たちも考えています。コーチによって「腕が違う」のは、決して技術だけの問題ではないのです。

　「技術」は、それを使う人の「意図」や「目的」によって、その効果が大きく変わってくるものではないでしょうか。「技術」はコーチングを実践するうえでの方法ですが、そうした方法はある「意図」や「目的」に向けて使われる必要があるのです。

それでは、コーチは相手の目標達成を支援するうえで、どのような意図や目的をもち、何に目をつける必要があるのでしょうか？　その疑問とともに、さらに読み進めてみましょう。

### コーチングの機能と特徴

①コーチングは、「知識」と「行動」の間の溝を埋める

　「後進が育たない」「ビジョンが浸透しない」「職場に一体感が感じられない」——これらはリーダーやマネージャーの悩みとしてよく話題になるテーマです。リーダーやマネージャーは、こうしたテーマについて、決して解決を放置していることはなく、むしろ日々考え続け、そして必要な情報を集めている場合が多いのです。そして、およその解決策を頭で理解していることも珍しくありません。

　私たちは多かれ少なかれ、このような「わかっているけど、行動できない」経験をしているのではないでしょうか。コーチングは、こうした「知識と行動の間に横たわる溝」に橋をかける試みともいえるでしょう。

　ある企業の部長A氏は、「後進が育たない」ことに悩んでいました。そして、その理由も明瞭に語ることができるのです。後進が育たない理由は、煎じ詰めれば「自分が部下に権限委譲しない」ことが原因であると。それなのに、実際には権限を委譲しないのです。

❖ **コーチングはクライアントを行動へ導く** ❖

クライアント

コーチング

知識　　　　　　　　　　　行動

この場合、コーチとしてA氏にどのような支援をすることができるでしょうか？

## ②コーチングは、強制ではなく放置でもない「第三の選択肢」を探す

本人が「わかっている」のだから、「やりなさい」と強制的な指示をすればいいのではないか、そう考える方もいると思います。実際、それでうまくいくこともあるでしょう。一方、やらないのは本人の問題なので、放っておけばいいのではないか、そのうちやるのではないか、という人もいるでしょう。それも1つの選択肢です。しかし、そのときの私の選択は、そのいずれでもありませんでした。強制でも放置でもなく、第三の選択肢を探したのです。

まずは、「後進を育成する」ことによって何を手に入れたいのか、A氏の望みに関心をもち、そのことを尋ねました。するとA氏は「現場の社員が次世代のビジネスにつながるアイデアをミドルに上げ、ミドルがそれをプランにし、私が経営的観点からGoかNoGoかを判断する、そのような組織をつくりたい。そうした理由からミドルの課長には、しっかりとプランを考えられる存在になってほしい」――そう語りました。

## ③コーチングは、「本当に思っていること」を明らかにする

しかし、その言葉を発した直後、A氏は苦笑しながらボソッといいました。「自分は矛盾しているんだな」と。これはとても興味深いことです。A氏に限らず、人は話しながら、自身の考えていることに直面していくのです。

人は何かについて頭では明確に「わかっている」とか、あるいは「思っている」と認識していますが、それは単にそう「思っている」だけで、「本当に思っていること」は別にあるのかもしれません。そこで、聞きました。「権限委譲をしないことで失っているものは何か？」ということを。すると再びA氏はおもむろに話しはじめました。「いまは、自身が現場の社員から上がってくる相談にすべて応じてしまっている。その結果、課長を中抜きにしてしまっているな。その結果だと思う。最近、現場社員の課長に対する信頼度が低下しているんだよ」

❖ 行動・意識・無意識の関係 ❖

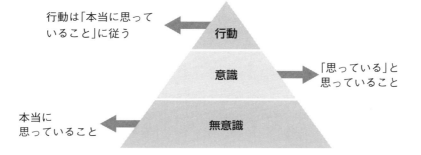

　そして最後にため息混じりに、「これは、私の思い描く組織像ではない」と語りました。A氏は、自分が後進を育成したい、そのために権限委譲をすべきだ、という自分の考えが本当にそう思っていることなのか、ということ自体に疑問をもちはじめたのです。

　さて、A氏は本当に矛盾しているのでしょうか？　コーチングをしていると、クライアントがいっていることとやっていることの間に矛盾がある、と思うことがあります。このとき、一見して矛盾があるように見えるクライアントの選択であっても、実は、背後では辻褄が合っていることが珍しくないのです。

　A氏も同様でした。彼には権限委譲することで失うものがあったのです。彼が失いたくないもの、それは長年培ってきた彼のスタイルでした。A氏は現場の生々しい情報を自分で見聞きし、的確な判断をする、というやり方で成功してきているのです。さらに深く聞いてみると、彼にとって権限委譲という行為は、自身のスタイルの見直しを迫る選択と解釈されていたのです。

④コーチングは、対話を通じて「想い」を「決意」に変える

　A氏に再度、後進育成に対する決意を確認することにしました。すると、その重要性を再度強調していました。そこで私は、A氏のもつスタイルを維持しながら、後進の育成を進めるためのアイデアについて探求する

ことにしました。具体的には、「A氏が最大限の情報を手に入れながらも、後進育成に向けて権限委譲を進められる方法は何か」ということです。

その後、A氏との数分間の対話が続きました。その結果、A氏は最後に2つのことを「決意」したのです。まずは、現場の社員と課長とA氏の3者で会話をする際に、「自分が解決するために情報を聞き出す」やり方を改めること、すなわち、課長を置いてけぼりにするようなリサーチをやめること。その代わりに課長が意思決定するという前提で、現場の社員から情報を引き出し、自分の見解も交えながら、「最終的には課長に意思決定を求める」こと。

それを語るA氏の言葉の強さ、そしてその後のA氏の実践行動は、単なる「想い」を超えた「決意」であることを証明していました。

「想い」は単なる願望。他の選択肢を捨てたときに「決意」となる

⑤コーチングは、自己を「客観視」させ、「選択の検討」に向かわせる

コーチングの特徴は、相手に積極的に問いかけながらも、相手が自発的に考え、最後は自分で解決することを促していく点にあります。課題解決の主導権はあくまでもクライアントにあり、コーチはその支援をする存在です。

そしてこの支援には、コーチングの対話の「技術」をいかに使うかということ以前に、コーチングにおける「意図」や「目的」が重要になることはすでに説明しました。

A氏が「権限委譲をしようと思ってもできない」という現象に着目し、その状態を生み出しているA氏の捉え方や背景を、いったん客観的に再検

討してもらうことを目的に対話を進めました。

　さらに、「思っていると思っていること」と「本当に思っていること」には違いがあることを考察すること、「自身の選択のペイオフとコスト（得ているものと失っているもの）」を再考するよう、質問を投げかけたのです。

### ⑥コーチングは、2人で1つのキャンバスに向かうイメージで

　A氏との対話は、常に課題や目標を共有しながら進められました。このように、コーチとクライアントのリレーションは、上下関係ではなく、横に並んだ関係です。ちょうど2人で並んで椅子に座って、目の前に立てかけられたホワイトキャンバスを見ながら、対話をしていくイメージです。コーチは問いかけ、語りかけ、クライアントはコーチの問いや投げかけられた情報に啓発され、自由に連想を広げ、言葉を紡ぎ出し、ホワイトキャンバスを埋めていきます。

### ⑦コーチは、クライアントの「長期的成長の支援」も視野に入れる

　コーチングを進めていく過程で、クライアントから「自分の考えを客観的に見直せるようになった」「自分で自分をコントロールすることができるようになった」という感想を聞くことがあります。私たちコーチは、最終的にクライアントが「自走」できるようになることを意図して関わります。A氏との対話で本人に「客観的な立ち位置の質問」を投げかけ、「考

❖ **コーチングの対話のイメージ** ❖

えさせている」のは、「自分で自分について客観的に考えられるようになる」ことを意図しています。

その意味で、コーチングは、「対話を通じて相手の成長を実現するプロセス」ともいえるでしょう。そして、この「成長」というキーワードは、コーチングを貫く大切な概念であることを指摘しておきたいと思います。

### 投資効果の高いコーチング

ちなみに、上記の私とA氏のコーチングは、およそ15分程度の対話でした。15分という1回当たりの対話時間はやや長く感じる方もいるかもしれません。しかし、「強制的に指示」することで抵抗感や意欲の低下を招くリスクやコスト、そして「やるまで待つ」という放置のリスクやコストと比べると、トータルのコミュニケーションコストはそう高くはないと実感しています。別の見方をすれば、コーチングの対話は、投資行為ともいえそうです。

結果と時間に追われているビジネスパーソンが、コーチングを本格的に学ぶ背景には、コーチングによる対話がトータルなコミュニケーションコストを低下させるという期待が込められているのかもしれません。

## 1-2 コーチは目標達成を支援する

コーチングには「目標」が不可欠

### 「傾聴」や「質問」は手段にすぎない

クライアント候補が「何をコーチするのですか？」と聞くことがあります。その疑問は確かに的を射ています。コーチングをする、という言葉を用いる際には、必ず「何のために」という目的が明示される必要があります。

それはたとえば、私はコンサルタントです、といわれたときに、その方がどの分野に関するコンサルティングができるのかを知ることで、依頼するかどうかを判断するのと同様のことです。コーチングは、クライアントのある特定の目標を達成する手段として行なわれますので、コーチングは常に「Coaching for 〜」で語られるものなのです。

### ❖ コーチングには目標が必要 ❖

たとえば、「セールスの業績を向上させるため」にコーチングを取り入れる、あるいは「リーダーシップスタイルを見直すため」にコーチングを利用する、ということになります。

コーチングという方法が広まるに従って、その特徴である「傾聴」や

「質問」などの要素技術も知られるようになりました（☞142頁）。場合によっては、こうした技術が一人歩きをし、コーチングといえば「傾聴」すること、あるいは「質問」をすること、という形で使われることもあるようです。

しかし私たちは、コーチングというのは、あくまでもクライアントのある特定の目標達成を支援するためのものである、と捉えています。その実現のプロセスで「傾聴」や「質問」という対話の技術を使うのですが、それらはコーチングの手段であって目的ではありません。目的はあくまでも、クライアントの目標達成となります。

別のいい方をすると、「クライアントは目標は達成しませんでした。しかし、クライアントはコーチングの中での対話や関わりには満足してくれましたのでコーチングはうまく進みました」ということは、コーチングの成果としては認めがたいということです。

このように、コーチングはとても成果志向の強いものですし、コーチは、相手が目標達成するために存在する、ということができるのです。

## 目標が明確ではないとき、コーチングはできないのか？

読者の中には、目標がない相手の場合、コーチングができないのか？という疑問をもつ方もいるでしょう。

もし、本当に目標がないのであれば、コーチングは困難となるでしょう。狙いがない以上、何に向けてコーチングをすればよいのか、何に向けて支援をすることができるのか、あいまいです。

実際、「あなたは何を目標としていますか？」と問いかけたとき、その場で明瞭にかつ端的に目標を言葉にできる方は多くありません。「リーダーとして成長したいし変化もしたい。しかし、何を目標にすればよいのだろうか」と、悩まれている方は意外と多いものです。

しかし一方で、これまで数多くのクライアントとコーチングを通じてお付き合いをしてきましたが、その中で目標を見出すのに時間がかかったというケースはあっても、目標がないためにコーチングができなかった、というケースはありませんでした。

部下との間でコーチングを実践していると、「別に目標なんてありません。日々楽しければいいですから」というような反応を受けることもあるでしょう。

　その際に、「目標がないのであればコーチングはできない」と諦めてしまうこともできますが、その人は「何か理由があって」ここにいるわけですし、多少なりとも現状に対する満足も不満も感じていることが多いものです。

　人の満足や不満というものは、期待と現実の間に存在しますので、その人には実は期待があるということです。何か目指すもの、目的とするものはあり、ただそれが明確になっていないだけかもしれません。

　相手が潜在的に抱いている現在や未来への期待があることを前提に、話を聞いてみるのもよいでしょう。その対話の中で、本人すら気づいていなかった目的や、向かっている方向性が見えてくるかもしれません。

　時には、「あなたの話を聞いていて、あなたは〇〇〇という期待や目的をもっているように感じる。そこを目指してみるのはどうか」と提案することも役立つでしょう。そしてこうした提案を伝えることが、コーチングのきっかけとなることもあるのです。

## 1-3 コーチングにおける「目標」と「目的」

「目標」は「目的」へのマイルストーン

### 目標と目的はなぜ必要なのか?

　コーチングには、達成したい「目標」が必要であることは先に紹介しました。ここでは、目標のさらにその先に、「目的」があるということを紹介したいと思います。

　正確には、目標の後に目的が来る、という時間的順序ではなく、人は常に、自分が目標を達成する目的をもっています。あえていえば、目標は未来に向かう場所であり、目的は現在その活動を行なうことに意味を与えるものです。

　たとえば、「教育を通じて世の中に貢献したい」という人生の目的をもった高校生がいるとします。その高校生にとっては、大学の教育学部で教育について学ぶことは、目的を達成するためのマイルストーン(目標)になるでしょう。そして、目前に迫った大学の入学試験をパスすることも、目的やもう1つ先の目標に対するマイルストーン(目標)になります。

　マイルストーンを1つひとつクリアしていくことで、目的に向けて確かに前進していることが確認でき、また前進した達成感、成長実感を得ることができます。これらが、目的と目標を定めていく意味になります。

❖ コーチングマップ ❖

現状 → 目標 → 目的

### 目標と現状の間に成長テーマを発見する

　目標が定まると、そこに向けてエネルギーを集中させることができますが、同時に、目標が明確に定まることで、現状との差異を明確に認識することができるようになります。人はこの目標と現状の差異を放っておくことが苦手です。そのため、目標に向けて自身の現状を変えていこうとするエネルギーが生まれ、これが成長への原動力となるのです。

　私たちコーチは、このように目標と現状の差異を対話を通して明確にしていきながら、クライアントの成長エンジンを起動させるのです。

❖ **目標との差が成長テーマになる** ❖

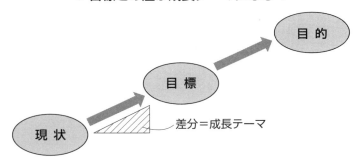

　大手製造業の情報システム部門を統括するC部長は、自部門の社員の意欲低下の背景を次のように語っていました。「当部門は、我社のビジネスにおいては傍流と見なされている。僕が部長に着任した当時、部員の多くが自分たちは会社から期待されていない、と思い込んでいた。まさに被害者のようだった」

　そして、C部長本人も、社員たちの雰囲気に呑まれるように、意欲を低下させていました。

　コーチとして私は、C部長が感じている現状に対する不満、逆にいま感じている将来に対する期待を聞いていきました。C部長は、自身の想いを確かめながら、言葉を発しはじめました。「いま、この部は、若手にとって行きたくない先との評価を受けている。しかし、この部の業務は全社視

点でものを考えられるとても貴重な経験ができるものだ。僕は、若手がキャリアを築くために、当部門に来て勉強したいと、そう思ってもらえる部門にしたい」

　C部長の内側に眠っていた想いが言葉になるにつれて、C部長の中で漠然としていたビジョンが明確なものに変化していくようでした。

　そして、ビジョンの詳細を語りながら、C部長は次第に「ビジョンに照らして、現状で何が足りないのか」、そして「自身は部長として何をすべきなのか」ということに気づいていきました。そして最後にC部長はいいました。「僕が自部門、そして他の組織に対して、もう少し影響力のあるリーダーにならないとな」

　その言葉を語るC部長からは、役割認識と使命感を強く感じることができました。そしてその後のC部長との対話では、「現在のリーダーとしての振る舞いを、どのように変えるべきか」という成長テーマに焦点が移っていきました。

## クライアントが成長テーマに直面することを支援する

　コーチングの対話は、クライアントの内側に眠っている潜在的な目的意識を顕在化させていくプロセスでもあります。こうした目的意識が詳細に言語化されたとき、それがビジョンとなっていきます。そして、ビジョンに至る具体的なマイルストーンが見えてくると、それが目標となり、エネルギーを集中させる焦点となるのです。同時に、目標が明確化する中で、現在の立ち位置との差が明確になり、その差の中に「乗り越えるべき成長テーマ」が見つかるのです。

　このようにして、コーチはクライアントから目的意識を引き出し、最終的にはクライアントが自ら成長テーマに直面する支援をします。そして、成長テーマを開発するプロセスに継続的に伴走する役割を担うのです。

# 1-4 マネジメントとコーチング

コーチングは管理職の選択肢を増やす

### 管理職にコーチングスキルは本当に必要なのか？

　私自身、組織の中でリーダーシップを発揮し、マネジメントをしていくことを求められています。また、コーチという職業に従事していますので、「管理職の実務において本当にコーチングは実践できるのか？」とあえて疑問を投げかけつつ、日々、実験を繰り返しています。

　まず、私の結論から申しますと、管理職の実務においてコーチングは役に立つ、という実感があります。

　もちろん、およその管理職業務はコーチングを採用することでうまくいく、という論には個人的に現実味を感じることができません。しかし、部下の成長や目標達成を通じて、組織全体の成果を出すことを責務とする管理職にとって、成果志向であり、目標達成を目指すコーチングの考え方や技術を知ることで得られるものは多いと考えています。

❖ マネジメントとコミュニケーションをつなぐコーチング ❖

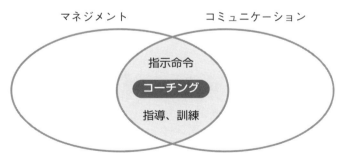

　確かに、目標達成を目指すための手段であり、「自発性」を重視するコーチングを、マネジメントの現場で使うのに違和感をもつことがあります。

たとえば、課題の解決に際して、自発性よりも緊急性を優先しなければならない場合があります。その際には、明確な「指示命令」が現実的であり、また有効でしょう。しかし、多少時間はかかっても相手のアイデアを引き出し、本人に「自発的」に行動してほしい場合、「指示命令」という方法は本当に効率的・効果的といえるでしょうか？

## コーチングはマネジメントの柔軟性を高める

　また、管理職の方と接する中で、「自分よりも部下のほうが業務に対する知識や経験がある」という悩みをよく聞きます。私も前職のエンジニア時代、管理職であるプロジェクトマネージャーを担当して数か月後、現場の最新技術が理解できなくなっていくことに気づき、「自分が解決する」ことに限界を感じたことがありました。

　現実には、部下の業務について、一番よく知っているのは部下であることが少なくありません。部下に蓄積された知識を、部下自身が成果に向けて活用できるよう手助けできれば、管理職としても助かることは多いものです。

　管理職は、担当業務や全体の方向性を見極めるうえで必要な情報を手にする必要はあるかもしれませんが、担当個々人の細かい情報まで把握して指示を出す、ということの限界に対処する必要もあります。これは、相手の自発性を論じるのとは別の観点で、現実的に要求されることかと思います。

　こうした管理職の現実的な悩みに、コーチングは解決策を提案してくれます。もちろん万能ではなく、他の方法や手法と同じように、いつ、誰に、どのように使うのか、それを誤ると効果が生まれづらいものではあります。しかし、使い方を学ぶことで、管理職としての行動の選択肢を確実に増やすことができ、また、マネジメントの柔軟性を高めることができると思います。

　それでは次項以降で、コーチングは、いつ、誰に、どのように使うことができるのかを見ていきましょう。

## 1-5 コーチングが機能する条件

クライアントや部下の状態を見極める

### 誰がコーチングを必要としているのか？

　先に紹介したように、コーチングは目標達成のための手段ですので、「誰に、どのタイミングで」使うのか、という「適切な使い方」を知ることが有益です。

　それでは、たとえば、他部署から新たに配属された部下、あるいは新入社員たちにとって、コーチングは有効に機能するでしょうか？　その理由は何でしょうか？　また、現在の業務に対して誰よりも経験豊富で意欲的に仕事を進めるベテラン社員は、現在の業務についてコーチングを必要とするでしょうか？　そしてそもそも、誰がコーチングを必要としているのでしょうか？

　もしかしたら、上記のすべてのケースにおいて、何らかの形でコーチングを役立たせることができるかもしれません。しかし、ここでは話を単純にすることを許していただき、ある程度の判断基準を紹介します。

　ポイントは、対象となる相手について、①精神状態、②成長段階、を見たうえで、相手が解決しようとしている③課題領域、をチェックすることです。以降、この順番で詳しく見ていくことにします。

❖ **コーチングを機能させるための判断基準** ❖

| |
|---|
| ①対象となる相手の精神状態 |
| ②　　〃　　　　成長段階 |
| ③　　〃　　　　課題領域 |

## まずは、相手の精神状態を気にかける

先に紹介したように、コーチングは成果志向が強く、成果に向けて相手に必要な「変化」を求めていく関わりです。そのため、コーチはクライアントに対し、目標達成に向けて、安心に満ちた「内省させる対話の時間」をつくることもありますし、逆に変化の必要性を伝えるための緊張に満ちた「直面させる対話の時間」をつくることもあります。

したがって、コーチングの対象となる人に、こうした緊張と弛緩のある対話に参加できるだけのエネルギーレベル、精神的な安定があることを最初に確認しておく必要があります。

## 相手の成長段階を見極める

部下の成果と成長に向けてコーチングを活用するにあたっては、部下の能力レベル、そして意欲の状態を読み取りながら、対応の仕方を変えていくことが重要です。この点について、具体的に見ていきましょう。

仮に、皆さんの部署に、ある一人の部下Bさんが異動してきたとします。Bさんに、早速、業務上の役割を与えたいのですが、不慣れなため、一人で自己完結的に業務を進めることが難しい状態です。そのとき、皆さんは最初どのようにして、Bさんを目標達成に向けて引き上げるでしょうか？

意欲の高低、知識や業務適応能力によって区分した次のマトリクスをもとに考えてみましょう。

### ❖ 意欲 × 知識（業務適応能力）のマトリクス ❖

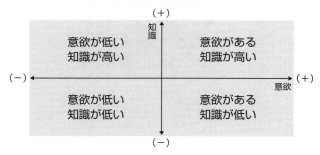

**意欲は高いが、業務適応能力が低い場合**

　もちろん、現実にはBさんの細かな特性によってさまざまなやり方があるかと思いますが、ここでは、およそ「意欲が高く、業務への適応能力が不十分」な部下に対する対応指針、という意味合いで話を進めましょう。

　さて、ここでBさんの状況について考えてみたいと思います。Bさんは、きっと新しい業務に対して期待と不安が入り混じった状態ではないでしょうか。何か新しいことをはじめる際の「意欲」をBさんから感じ取ることができるかもしれません。

　ここで、皆さんの中には、Bさんの「自発性」と「意欲」をさらに高めてあげたい、という純粋な好意から、「君はどう思うか？」という「問いかけ」をしていく方もいるかもしれません。そして、Bさんは必死になって考え、何とか上司の期待に応えようとするでしょう。

　その結末はどうなるでしょうか？　Bさんが、想像力に富んだ、高い適応能力を備えた部下であれば、考える喜びと仕事が進んでいく快感から意欲を高め、一気に成長軌道に乗っていくことができるでしょう。

　しかし、Bさんに十分な経験がなく、また考えるための知識も不足している場合、「考えようとしても想像がつかない」「アイデアを無理やりひねり出したがアウトプットの質に不安がある」「上司の期待に応えられていないようで申し訳ない気持ちになる」と、悩んでしまうかもしれません。

　そんな中、上司から仮に「Goサイン」が出されたとしても、すぐに次なる困難に直面し、だんだんと自信を失っていくかもしれません。そして結果的に、自己信頼を失い、根本的な意欲を落としていくリスクも低くはありません。

　ご想像のとおり、こうした業務に不慣れな段階では、コーチングで多用する「問い」や「傾聴」を駆使しても業務が前に進まず、逆に不適切な結果になることも珍しくありません。むしろ一般的には、上司が結果に向けて部下に知るべきことを「教え」、進むべき方向と何をすべきかを明確に「示し」、相手を「リード」していくほうが効果的ではないでしょうか。

　すなわち、意欲が高くても知識や業務適応能力が低い場合には、コーチングは機能しにくいのです。

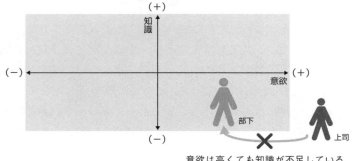

### 業務適応能力は徐々に向上しているが、意欲が低下している場合

　Bさんは、業務の難しさに直面し、プロフェッショナルへの道が思った以上に困難であることを実感していく中で、当初感じていた「意欲」をだんだんと落としてしまうこともあるでしょう。しかし、壁にぶつかりながらも1つひとつそれらを乗り越える中で、Bさんの業務能力は確実に向上しているのです。

　Bさんは、多少のスキルが身についていることは感じていますが、思ったほどには先に進めている実感を得ることができず、自分のふがいなさを嘆いているかもしれません。そんな中でも、Bさんにできることは、与えられた目標に到達するために粛々と行動を取り続けることなのです。

　皆さんにも、こうした経験があるのではないでしょうか。がんばるのですが、なかなか成果が上がらない。時に諦めたくなるのですが、なんとか気をもち直し、懸命にこらえる日々。

　こうした状況を遠くで観ていて、タイミングよく近寄り、ひと言、声をかけてくれる人がいたのではないでしょうか。「いまはつらいだろう。しかし、君はなかなかよくがんばっているではないか。大丈夫だ、安心しろ。君は少しずつできるようになっている」と。

　あるいは、こう問いかけてくれた人もいるかもしれません。「着実に前

進しているが、このやり方は非効率だと思わないか？　君の周囲の先輩はどのようにやっている？」と。

　つい目の前のことに夢中になり、視野が狭くなっている状態に対し、風穴をあけるひと言を与えてくれる人、そして、わずかな時間ですが、確実に次の一歩を踏み出すきっかけを与えてくれる人。こうした人たちは、意欲を落としたBさんに、気遣いと問いかけを通して、次なる指針を示していきます。

　業務知識が備わってきたBさんは、自分で再度、よりよいやり方を考え直すことができるでしょう。また、誰かが観てくれているという安心感から、下がっていた意欲ももち直すことでしょう。こうして、自力で方向を軌道修正し、そして自発的に再チャレンジしていくことができるのです。

　この段階にいる方の多くは、業務知識や適応能力がだんだんと身についてきているにもかかわらず、そのことに自分自身で気づいていません。また、多くの場合、走り続けている過程で、だんだんと意欲が停滞あるいは低下していることも珍しくありません。

　そして実は、こうした状況に直面している方にこそ、コーチのような存在が必要となるのです。部下をよく観察している管理職も、こうしたタイミングを逃しません。そして、これまでの「指示する」「リードする」「教える」コミュニケーションを、「認める」「理解する」「考えさせる」やり方に徐々にシフトさせていくのです。

### ❖ コーチングが必要とされる状態 ❖

知識が身についてきたが、
意欲が落ちている状態に
こそコーチングが必要

## コーチングは緊急事態には不向き

　ここで１つ注意したいことがあります。コーチングは、相手に理解を示し、相手に考えさせる、というプロセスを重要視するため、スピードを優先しなければならない事態、すなわち緊急時には向いていません。トラブル対応で、すぐに解決が求められている場面に、ゆっくりと相手の話を聞き、問いかけをしていくことには、逆にリスクが伴います。

　解決しようとしている課題領域が、重要ではあるが緊急性の差し迫っていないものである場合に、コーチングのアプローチが機能するといえるでしょう。

## 成長の過大評価は禁物

　さて、Bさんの成長に向けたコーチングが功を奏すと、徐々にBさんは自分の進歩を実感し、自信を取り戻してくるでしょう。引き続き、業務経験を積み重ねていき、次第に自らの判断で業務を進められるレベルへと成長していきます。そんな様子を見て、私たちは思わず安心したい気持ちに駆られることでしょう。

　しかし、こうした安心は禁物であること、つまり実際に部下の側には依然として「自らの判断に確信がもてない不安」が残っていることを、経験上ご存知の方も多いかと思います。

　もちろん、この段階まで来ると、過度な介入は本人の自尊心を傷つける

### ❖ コーチングが功を奏した状態 ❖

コーチングが功を奏しても、しばらくの間は安心できない

リスクがありますので要注意です。Bさんに業務のイニシアチブを与えつつも、目を離さずよく「観ておく」こと、助けが求められた場合には積極的に支援する動きをとることが必要となるでしょう。

その後、順調に経験を重ね、成功と失敗から学び、その分野について、自己完結的に業務推進できるようになると、いよいよBさんに「役割」や「責任」を大きく与えて、任せることができるようになります。その後は、より大きな期待と責任を果たすことを通じて、Bさんはさらなる飛躍を遂げるステージに入ることができます。

❖ コーチングが一段落した状態 ❖

## コーチングは使うタイミングがポイント

ここまで、Bさんをモデルに、ある業務に関する成長段階をたどってきましたが、ここで紹介したことのポイントは、コーチングの支援には、ふさわしいタイミングがあるということです。

管理職としてコーチングを現場で活用する際には、相手の精神状態、相手の成長段階、そして解決したい課題領域を分析する必要があります。すなわち、コーチングが効果的な方法となるためには、コーチングが機能するタイミングを見出す、という別の力が要求されるのです。その意味では、コーチングを活用するうえで第一に要求されるのは、相手に対する深い関心と、繊細な観察力といえるのではないでしょうか。

## 1-6 コーチングは可能性を探求する

コーチはクライアントの「変化」と「可能性」に着目する

### クライアントの可能性に着目し続ける

　コーチングのプロセスにおいて、コーチはクライアントの何に着目をし、クライアントの前進や成長を支援することができるのでしょうか？そもそも、人の前進や成長をうまく支援する人たちがもつ「目のつけ所」は何でしょうか？

　ある有名なトレーナーがいます。彼は、多くの受講生から慕われ、尊敬される、経験豊富な人物です。あるとき、数日間のトレーニングの最後に受講生の一人が彼に質問を投げかけました。「結局、あなたが最も大切だと思うコーチの資質は何ですか？」と。一瞬の沈黙のあと、彼は深く呼吸し、そして堂々といい切りました。「とにかく、諦めないことだ」

　コーチングでは、クライアントが何度も困難な成長課題に直面します。途中で前進することを諦めかけるケース、自信を失い前進の意欲を低下させたりするケースは、決して少なくありません。

　そうしたときに、クライアントに伴走しているコーチに求められることは、クライアントが常に「目的」や「目標」から目をそらさないようにすること、そして前進できる「可能性」に着目し続けることなのです。

### 何を見ようとしているかで何が見えるかが決まる

　そもそも人は、何に関心をもつか、によって受け取る情報を変えてしまいます。たとえば、私たちは、現在担当している取引先の企業名を、膨大な情報量をもつ新聞紙面や雑誌の記事から、あるいは電車の中刷り広告の中から、一瞬のうちに発見することができます。

　こうした現象を、専門的には「選択的知覚」といいます。私たちには、強く関心をもった情報を、大量の情報の中から選択的にふるい分け、認識

する能力が備わっているのです。

「この部下は欠点だらけだ」と強く思えば、日々の部下の言動から欠点を発見することが比較的容易になるはずです。一方で、部下の目標達成に向けて役立てることは何か、ということに強い関心をもつことで、さまざまな情報群から役立つ情報を選び取り、手渡すことができるのです。ときには、部下の日々の活動の中から、部下本人すら気づいていなかった「使える能力」を発見することもできるかもしれません。

### 可能性への指摘が成長の資産となる

以前、私は人前で話すことに強い苦手意識をもっていました。そのため、ある研修会に参加し、何人もの人からアドバイスをもらいました。すべてのアドバイスは的確で、「直すべきポイント」が明確になりました。しかし、問題だったのは、聞けば聞くほど頭の中で「できないイメージ」が明瞭になってくるのです。煎じ詰めていえば、自分に可能性を感じることが難しくなってきたのです。

しかし、一人だけ変わった指摘をする男性がいました。彼はこのようにいうのです。「僕には、あなたの目の表情から伝わるものがあった。あなたの目の表情は、磨けば使えるのではないでしょうか」と。彼のコメントを受けるまで、自分の目の表情を意識したことがありませんでしたし、もちろんそこに可能性を感じたこともありませんでした。

彼は、別の参加者に対しても同様に、「何か使えるもの」を指摘していました。指摘はいずれも的確で、もはや技能であり、人に向かい合う態度のようでもありました。その当時は、彼のコミュニケーションが何をしているのか、説明をつけることができなかったのですが、一瞬のうちに人を動機づけるそのやり方に、長い間ずっと興味を感じていました。そして数年後、私がコーチングを学んでいるときに、それが「アクノレッジメント（承認）」というコーチングの技法であることを知りました（☞147頁）。

彼はシステムの設計者で、コーチを名乗ってはいませんでしたが、私にとってはプレゼンテーション力向上に向けた正真正銘のコーチでした。

一見、小さな一瞬の指摘ではありますが、それは、「人の可能性に焦点

を当てる」という、不動のスタンスの中からこそ生まれる指摘だったのではないでしょうか。

## 優れたコーチは変化を指摘し、成長を実感させる

　優れたコーチというのは、人の繊細な変化を決して見逃しません。目的や目標に向けて成長しているクライアントに対して、何ができるようになったのか、何がいまだ未開発なのかを、はっきりと認識し、伝えることができるのです。時には、クライアント自身も気づいていない変化を発見することもできます。

　あるIT企業でお世話になっている担当の女性は、その会社で有能なマネージャーとして評判の人物です。あるとき、その会社で講演をした際、「キーメッセージを短くいい切る」という課題を独自に設定して臨んだことがありました。

　すると最初のセッション終了後の休み時間に、彼女はにっこりと微笑みながら声をかけに来ました。「前回よりもメッセージが短くなっていますね。前回よりもポイントが明確に伝わってきます」

　彼女は、いつも決まって「変化成長」を発見しようとしているのです。きっと彼女には、「昨日の彼・彼女と今日の彼・彼女は、何か違っているはずだ」という、人を観る際の前提があるのでしょう。

## 1-7 コーチングは成長を探求する

コーチングのゴールは、クライアントの中に「成長のエンジン」をつくること

### 目標達成だけでは十分ではない

　ここまで、コーチングとは目標達成を支援する関わりであると説明してきました。読者の皆さんの中には、目標達成の支援だけがコーチングの目的なのだろうか、と思われている方もいるかもしれません。

　確かにコーチには、クライアントの短期的な目標を達成させる意図がありますが、さらに、その先にある目的に向けて「成果を上げ続ける人材」に成長させる意図もあるのです。

　医療にたとえていうなら、直近の健康状態の改善に向けた短期的な取り組みだけではなく、より長期的な健康増進を目指した体質改善への取り組みでもあるということです。

　そのため、短期的な目標が達成されればコーチングの成果として十分である、といい切ることはできません。

❖ **クライアントの本質的な成長もコーチングの目的** ❖

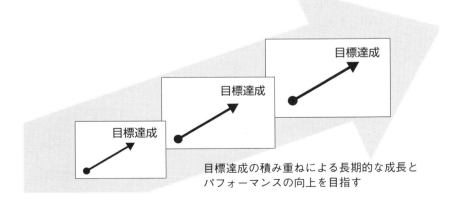

目標達成の積み重ねによる長期的な成長とパフォーマンスの向上を目指す

## コーチはクライアントの習慣に挑戦する

　端的に表現するならば、コーチが目指したいのは、「成果を出し続けるための能力開発」です。そのため、目前の目標達成を話題にしながらも、今後、クライアントが走り続けるうえで必要となる「思考・行動の習慣」に焦点を当てる必要もあるのです。

　もしクライアントが、今後、事業を拡大し多くの人を束ねるリーダーシップを発揮できるようになりたい、そのために後進を育成し現場のリーダーを育成したい、と強く考えているのであれば、現場の担当者一人ひとりの業務状況を事細かに把握するというマネジメントの「習慣」を見直す必要があるかもしれません。

　また、もしクライアントが、担当者から管理職に昇進したのを機にマネジメント力を強化したい、と願っているのであれば、自分が動き自分が成果を上げるという担当者としての「習慣」から、部下を通して部下に成果を上げさせる、という管理職の「習慣」へとシフトする必要があるかもしれません。

## クライアントの中に成長のエンジンを築く

　思考や行動の「習慣」を自らの力だけで変えることには、最初は困難が伴います。そこで最初は私たちコーチが、「習慣への挑戦」という困難を乗り越えるための支援を行ないます。そして次からは、クライアント自らが自身の習慣を変えることができるようになることを目指します。

　このような、自力で自身に変化・成長をつくり出すことのできる「成長のエンジン」を搭載することが、コーチングの長期的なゴールとなるのです。

　コーチングが終了したときに、クライアントが目標達成と自己成長の実感を手にし、さらに自分で自分をコントロールしながら役割に適応していける力を備えていたのであれば、本当の意味でコーチングが完了したといえるでしょう。

## 1-8 コーチングの実際

①セットアップ→②実践→③振り返り、という流れで行なわれる

### コーチングの開始

　日本でも、経営者やリーダー層にコーチをつける企業や組織が増えています。ここでは、コーチングがどのような流れで行なわれるのか、具体的に見てみたいと思います。

　まず、コーチングを正式に開始する前に、私たちはクライアント候補とお会いします。その面談は、クライアント候補が実現したことや高めたい能力に対してコーチングが最もふさわしい方法なのか、そしてこのクライアント候補の成長に対して現在のコーチ候補が最適といえるのか、お互いに確かめる目的で設定されます。

　また、コーチングはコーチとクライアントの関係の上に成立する面が多分にありますので、クライアント候補とコーチ候補の相性を確かめる必要があります。その際には、お互いの情報の機密性を保障し合い、安心と安全を感じ合いながら、自由かつオープンに意見を交換し合えることが重要です。

　コーチングに先立つこの面談でお互いを知り、コーチングを進めることがふさわしいと判断できると、続いてコーチング・プログラムを設計するプランニングセッションに進みます。

❖ コーチング全体の流れ ❖

## コーチングをプランニングする

　プランニングセッションでは、目的と目標、そして成長課題を可能な限り明確にしていきます。また、コーチングを実施する際の形式的な条件（期間、頻度、その他電話対面などの形式）の合意を取ります。

　プランニングセッションで最も大事な点は、やはり目的と目標の明確化です。具体的には、コーチングの目的が「リーダーシップの強化」であった場合、それを達成するためにどのような目標を設定することが妥当なのか、そしてそれらの目標が達成されたことを何によって測ることができるのか、その達成基準を明確にしていくことです。

　私たちは、こうした目標設定とその達成基準の明確化のために、詳細なインタビュー（クライアント候補本人、そしてクライアントに近い利害関係者を含むことがある）を行なうこともありますし、アセスメント（調査・測定するための指標）を使うこともあります。いずれにせよ、こうした事前調査があることで、コーチングの前後で期待する変化が生まれているかどうかを把握することが可能となります。

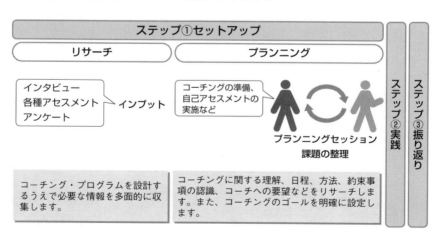

## 対話を通じてテーマを整理する

大手製薬会社に勤務するD氏は、温和で朴訥で「言葉少ない」が、非常に誠実な人柄で知られていました。これまでその人柄から多くの部下の信頼を集め、一分野のマネジメントを成功させてきました。こうした実績を背景に、この度、D氏は、全社の組織改革を推進するために新設された部門のトップを任されることになりました。

D氏に与えられたのは、「全社の間接部門の業務プロセスを見直し、組織改革をリードする」という役割でした。D氏の部下は総勢150名強。比較的小規模な組織の管理に携わってきたD氏にとって、同じ管理職であっても、これまでとは違ったリーダーシップの発揮の仕方が求められることに気づき、漠然とした不安を抱いていました。

D氏は当初、あまりに大きな課題に対して、何から手をつけるべきか整理がつかない状況でした。しかしコーチングを通じて、いくつか優先的に取り組むべき課題を明確にすることができました。

D氏は、自らの役割を発揮するためには、「変革へのビジョンと具体的なプロセス」を早急に打ち出すこと、利害関係者の合意を取ること、その過程で反対勢力に屈することなく「いうべきことをいい、通すべきを通す」パワーが必要であること、そして部内にいる150名強の社員の中にある不安を解消し「動機づける」必要があり、そのために改革の先頭を突き進むにふさわしい態度と言動を取らねばならない、と整理しました。

## 調査をし、確かめる

ただ、整理された課題が本当に妥当なものなのか、そして課題を解決するために打つべき具体的な手は何か、について実態を確かめるために、D氏は重要な利害関係者へのリサーチと、部下60名に対するアセスメントを実施することにしました。

部下に対するアセスメントでは、社員からの具体的な不満、D氏にどのような態度言動を求めているのかの要望、が明確に示されていました。特に、「明確なビジョンの提示がない」こと、「実現への情熱が伝わってこな

い」こと、社員との間に「変革に向けたコミュニケーションが不足している」こと、「精神的な距離感がある」こと、などが強調されていました。

そして、重要な利害関係者へのヒアリング、アセスメントの結果を分析した結果、D氏が整理した課題認識はおよそ的を射ていることが確認できました。

### 目的地にたどり着くストーリーを描く

そもそもD氏が達成したいこと、それは「全社の業務プロセスの見直しと組織改革の取り組みを成功させる」ことでした。そこで、どのような手順で成功まで至れるのか、その仮説を対話を通じて明確にしていきました。

D氏は、まずは変革のビジョンを練り上げる部内会議で合意が形成できること、次いで全社の利害関係者による経営会議で、ビジョン実現への具体的な施策の合意が得られること、そして最後に部内全員への伝達の場で理解が得られ、動機づけができることを目標にしました。そしてこれらをマイルストーンにして、コーチングを進めることにお互い合意しました。

### 目標を達成するための成長課題を明確にする

D氏は、こうしたマイルストーンを目指すにあたって、周囲に与えている影響力を変えなければならないと、ヒアリングとアセスメントの結果を通して理解していました。

具体的には、ビジョンや方針を伝える際の明確さ、そして利害関係者や社員と対話する頻度と内容の率直さが不足していることが、結果として部内外からの「意気込みがない」という評価に繋がっていると判断していました。

そして、これらを成長課題として、直ちに手を打つことを決めたのです。しかし、影響力の繊細な変化は自分では確認しにくいものです。そのために、周囲の主要な利害関係者から2週間に一度、具体的なフィードバックを得るという環境をつくることにしたのです。

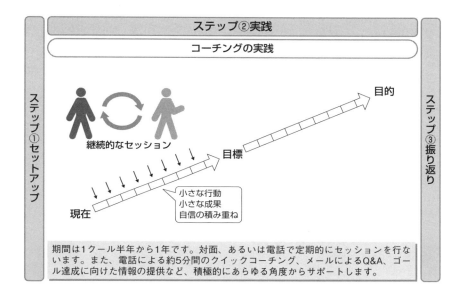

## 対話を通して軌道修正、フィードバックを繰り返す

　さて、D氏の変革への取り組みは、途中、予想外の部内の混乱や抵抗勢力の圧力、そして小さな失策などが重なり、何度も暗礁に乗り上げそうになりました。しかし、その度に、対話を通してビジョンに立ち返り、次なる施策を再検証し、軌道修正をかけながら、1つひとつのハードルに対処していきました。

　途中、自身の影響力の変化を確かめるために、利害関係者からのフィードバックを受け、振り返りの材料としました。また、再度アセスメントを実施したところ、変革に向けた評価は上々で、中にはD氏の変化に対する賞賛や応援が記されているものもありました。

　こうしたことに勇気づけられながら、結果、D氏は9か月かけて、当初の予定どおり、変革を軌道に乗せることができました。

　D氏はコーチングを開始した当初、「自己変革したい」と語っていました。そして9か月後、組織の変革とともに、実際にD氏自身の変革をも達成することができました。具体的には、自分自身をより深く知ることがで

| ステップ③振り返り |
| --- |
| 結果の評価 |

エバリュエーション

エバリュエーションとは、コーチングによって期待どおりの成果が生み出されたかどうか、評価・検証することです。エバリュエーションでコーチングはひとまず終了です。終了時にコーチングの更新か完了かを決定します。終了時のアセスメントで成果を確認し、コーチへのフィードバックをもらいます。

き、自分をコントロールすることができるようになったこと、を挙げていました。

### 目標達成→成長実感→自己効力感というプロセスでもある

このように、コーチングは、目標達成を支援するだけでなく、その達成をもとに、クライアントの内面に深い自信を構築していくプロセスでもあります。

人は、1つひとつのハードルを乗り越えていくことで、次第に自信を深めていくことができます。そして、自らが周囲に能動的に働きかけることで、周囲に影響を及ぼすことができることを理解します。

このような「自分は目標に向けて進むことができ、しかも達成することができる」という実感（自己効力感）、「自分は周囲に働きかけ、影響できる存在であり、価値ある存在である」という実感こそが、自主性や主体性を支える基盤となり、次なる課題に挑戦する意欲と勇気を与えるのです。

コーチは、クライアントが目標に対する成果を達成するだけでなく、今後も成果を達成し続けることのできるエンジンを発達させ、しかも、さらなる挑戦意欲をもてる人材に育てること、これらを同時に実現していくことを意図します。コーチングは、こうした意図のもと、人の能力開発について、集中的に長期的に、そして継続的に関わるプロセスということもできるのです。

# 第2章
# コーチのもつべき視点

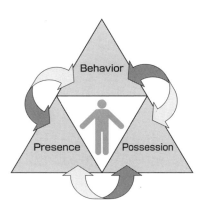

# コーチがもつべき３つの視点

クライアントの成長を促進するための「PBPの視点」

## Possession, Behavior, Presenceという３つの視点

　前章では、コーチングの目的はクライアントに成果を上げ続ける人に成長してもらうことであると説明しました。では、クライアントが成長するために、コーチはどんなことを大切にしているのでしょうか。ここでは、コーチがどんな視点でクライアントの状態を把握しているかについて説明します。

　クライアントの状態を把握するためコーチは３つの視点をもっています。それは、

- Possession（ポゼッション：身につけるもの）
- Behavior　　（ビヘイビア：行動）
- Presence　　（プレゼンス：考え方、信念）

という視点です。これを「PBPの視点」と呼びます。

　この３つの視点がなぜ大事なのでしょうか。また、それぞれはどういったものなのでしょうか。

　新任営業課長であるAさんを例に考えてみたいと思います。Aさんは、はじめて管理職となりました。Aさんの目標は課の半期目標を達成することです。そのためにAさんは何をする必要があるでしょうか。

### ①Possession（ポゼッション）

　第一に、目標に向けて、必要な知識・スキルを身につける必要があります。そこで、コーチはクライアントの知識やスキルといった「身につけるもの」（Possession）について考えます。

　Aさんの場合、はじめての管理職ということでマネジメントスキルが十

### ❖ コーチがもつ3つの視点 ❖

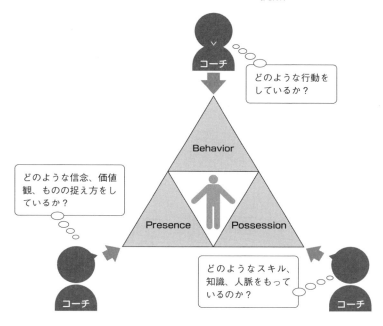

分でない可能性があります。定例業務の進め方や部下の状態の把握といった毎日のことから、課の計画の立て方、評価面談のやり方、重大なクレーム時の対応ということまで、管理職として必要な知識・スキルがAさんにどの程度備わっているのかを考えることがPossessionの視点です。こうしたPossessionがあってこそ、行動（Behavior）が有意義なものになります。

　Possessionの視点からコーチのする質問として、以下のようなものがあります。

### ❖ Possessionの視点からの質問例 ❖

- 理想の状態に近づくために自分に必要なものは何ですか？
- 目標達成のためにはどんな分野の情報が必要ですか？
- 自分がいまもっている知識やスキルで使えそうなものは何ですか？

こういった対話を通して、Aさんに必要なスキルや知識（Possession）を明確にし、それを獲得するためのアクションプランをつくります。

## ②Behavior（ビヘイビア）

そして次に、Possessionを活かして行動（Behavior）を起こす必要があります。目標達成の計画を練る、部下一人ひとりに目標を伝える、指示する、相談に乗る、数多くの行動が積み重なり目標は達成されます。目標達成において行動（Behavior）は必要不可欠です。コーチはクライアントがどんな行動をするか、どれくらい行動しているかなどのBehaviorに注目しコーチングを進め、目標達成を支援します。

たとえば、コーチのする質問として以下のようなものがあります。

❖ Behaviorの視点からの質問例 ❖

- やろうと思っていて実行できていないことは何ですか？
- 目標を達成するために今日からできることは何ですか？
- 次回のセッションまでにどんなことをやりますか？

こういった対話を通してAさんの行動（Behavior）に働きかけ、目標達成のためのアクションを促進します。

## ③Presence（プレゼンス）

Aさんは必要なスキルを身につけ、それを活かして行動をします。しかし、それだけではうまくいかない場合があります。それは、Aさんが頭ではわかっていても、本心ではわかっていないことがあるからです。Aさんはそれまで、いちプレーヤーとしてよい営業成績をおさめ、周りから認められてきました。その成功体験により、無意識に「自分の営業成績を上げるのがよい」と思ってしまっているのです。しかし、管理職となったいまは「課のメンバーの営業成績を上げる」立場なので、そこには考え方（Presence）の相違があります。その相違により、Aさんは部下を差し置いて直接営業に出向いてしまうというような、目標から逸れた行動を起こ

してしまうのです。

　そこで、コーチはクライアントの考え方（Presence）についても確認します。

　Presenceについてコーチのする質問としては、以下のようなものがあります。

❖ Presenceの視点からの質問例 ❖

- あなたが大事にしている価値観は何ですか？
- 環境の変化に合わせて、自分が変化すべきことは何でしょうか？
- その目標を達成することは、あなたにとってどんな意味がありますか？

　以上のようにコーチは、「クライアントの身につけるもの　Possession」「クライアントの行動　Behavior」「クライアントの考え方　Presence」という３つの視点を考えながらクライアントに関わります。クライアント自身が「目標達成のためにマネジメントスキルを身につける必要がある」とPossessionに注目したアプローチを話したとしても、コーチは「本当にそうなのか。他の視点で考えるとどんな状態にあるのか」ということを考えながらクライアントと話をするのです。

　PBPの３つの視点はそれぞれが独立して整理できるかというとそうではありません。３つの要素はクライアントの中でそれぞれ関係しています。PBPの３つの視点のうち、１つにこだわり視野が狭くならないように注意する必要があります。

### コーチはPBPのうち何がいま必要なのか見極める

　コーチは、PBPの要素のうち、いま相手は何を必要としているのかを考えます。単にスキルが不足しているのか（Possession）、十分考えていて行動を起こせていないだけなのか（Behavior）、実施すること自体に迷いがあったり、意味づけが曖昧だったりしていないか（Presence）、コーチ

は対話を進めていきます。

　例として、新入社員の育成担当になった方のことを紹介しましょう。新入社員のB君はやる気があり、仕事を任せたときもうれしそうに「がんばります！」といって仕事につきます。しかし、任せた仕事がなかなか進まないということがよくありました。話を聞くと、B君は会社にあったコンピューターのソフトは使ったことがなく、マニュアルと格闘しながら進めているというのです。この場合、B君は3つの要素のうち何を高めるべきでしょうか。3つの視点で考えてみると以下のようになります。

- Possession
  ▶業務に必要なコンピュータースキルが不足している
- Behavior
  ▶B君はやる気もあり、行動を起こしている
- Presence
  ▶「一人で解決する」という考えをもっている

　Behaviorは問題ありませんが、PossessionとPresenceについては考える必要がありそうです。Possessionにおいてはコンピュータースキルの習得が必要です。Presenceにおいては、「一人で解決する」という考えが、遅延の原因になっていそうです。たとえば、「仕事を期限内に進める」という考えのもと、マニュアルと格闘する以外にも、先輩に相談するという選択もあります。

　B君には、コンピューターの使い方を教え、困ったらすぐに相談してほしいと伝えました。その後、B君はコンピューターは使えるようになったのですが、人に相談するのは苦手であり、相談はゼロでないものの頻度は少ないままでした。B君に話を聞くと「相談して相手の時間を取ってしまうのが悪い」というのです。この時点でもう一度、3つの視点で考えてみると以下のようになります。

- Possession
  ▶コンピュータースキルを獲得し必要なスキルは揃っている

- Behavior
   ▶相談することはわかっているが相談できていない
- Presence
   ▶「人に相談するのは相手に悪い」という考え方をもっている

　今度は、Possessionは問題ありませんが、BehaviorとPresenceについては考える必要がありそうです。Behaviorにおいては相談するという行動を起こすことが必要です。Presenceにおいては、「人に相談するのは必ずしも悪いことではない」という考え方を選択できるようにする必要があります。

　育成担当になった方は、B君に「相談する」という行動を起こしてもらうべく、B君が相談に来たときは話をしっかり聞いて、相談してくれてよかったと伝えるようにしました。また、自分からもB君に声をかける頻度を増やすことで、相談したほうが仕事が速く進み、ひいては全体の利益に繋がるということを実感してもらいました。そうすることで、B君から相談に来る回数が徐々に増えました。また、B君は本当に忙しそうな人への相談は後まわしにする、相談事項はまとめておくといった「人の時間を取らない」という考え方も同時に大切にしていました。

　このように３つの視点を行き来することで、相手に必要な成長ポイントが見えてきます。やみくもに質問する訳ではなく３つの視点で考えられるように質問し、クライアントの答えを聞いたり、反応を観察したりしながら、クライアントの成長ポイントを発見します。

　ただ注意すべきは、どのような変化が必要かをコーチが決める訳ではないということです。コーチは質問することで論点を投げかけますが、最終的に行動を選択し決めるのはクライアントなのです。

## 2-2 Possessionとは

Possessionとはクライアントが「身につけるべきもの」

### 必要なものを明確にする

Possessionの視点では、コーチは「クライアントが目的達成のために備えるべきもの」について扱います。たとえば、本人のモデルとなる人の行動から必要なスキルを明確にしたり、コーチから必要なスキルを提案することもあります。

### 身につけるPossessionをコーチングで特定する

課題達成のために必要となるPossessionには、知識、スキル、人脈、資金、資格など、さまざまなものがあります。それらの中から、目標達成のために自分には何がどの程度必要なのかを明確にし、それを獲得するためのアクションプランを考えます。

管理職のCさんは、ちょっとした失敗が多い部下が失敗する前にフォローできるようになりたいと思っていました。そのために部下の状況をこまめに見たり、たまに声をかけたりと意識して行動していました。ただ、自分自身の業務も忙しく、部下と関わる時間をそれほどつくることができず困っていたのです。

この場合、Cさんには何が必要でしょうか。可能性としては以下のようなものがあります。

- 部下が失敗する前に部下から相談にくる仕組みをつくる
- 部下ともっと関われるようにタイムマネジメントスキルを身につける
- 部下の状態をより効率的に把握するスキルを身につける
- 自分ではない誰かが部下をフォローする仕組みをつくる

コーチとの対話の中で、Cさんは「部下の状態をより効率的に把握する方法」が必要ではないかと考えました。そこでコーチが「Cさんがこれまでに出会ってきた上司や他の管理職がしていることには、どのようなことがあるのか？」と聞くと、Cさんは「日報を毎日出してもらうという手がある。しかし、自分は日報を書くのが嫌いでほとんど書いてこなかったから、あまりやろうとは思わない」と答えました。Cさんの昔の上司は細かい情報まですべて日報で収集しており、それがCさんは嫌だったのです。
　そこでCさんは、コーチと、Cさんなりの日報を考えることにしました。すると、そこまで細かい情報は必要ない、簡単な情報であれば日報を毎日書くことも部下にとって苦ではないし、自分も必要な情報がより早く集まるのではないかという結論に達しました。Cさんは、自分なりの日報をマネジメントに取り入れたのです。この場合、Cさんは部下の状況を効率よく把握する方法を新たに備えたことになります。
　1つの問題に対しても、いくつかの選択肢があります。コーチは対話の場で幅広く選択肢が出るようにし、現状で一番有効な選択ができるように対話を進めます。そして、それを身につけるためにどうしていくかをクライアントと考えます。

## 2-3 Behaviorとは

Behaviorとは「行動を起こすこと」

### 行動を起こすためのコーチの役割

　スキルや知識といったPossessionが揃えば、目標は達成することができるでしょうか。やり方はわかっている、しかし、忙しいから、具体的にどうしたらいいかまではわからないから、という理由で行動を起こせないことがあります。

　ここでは、行動が起きない背景と、それに対してコーチがどう関わるかを説明します。

### 行動が起きるまでに存在する４つの壁

　行動が起きるまでには４つの壁を乗り越える必要があります。

**①目標を立てた時点での決断の度合い（コミットメント）が低いため行動が起こらない**

　いつまでたっても、「忙しいからできなかった。明日からやります」というような場合です。

　これは目標の設定方法に問題があります。目標が明確でない、もしくは実施していない現状に危機感を覚えていないために行動の必要性を感じていないのです。もしかしたら、「本当はやらなくてもいい」と感じており、建て前で決めた目標かもしれません。つまり、実行しなくても危機は訪れず、他を優先させて、決めたことは実行しないほうがメリットが高いと考えているPresenceがあるのです。

**②やる気はあるものの、何をしたらいいのかわからない**

　この場合は、Possessionそのものが不足しています。知識としての

Possessionが不足しているため、どうしたらいいのかがわからない状態です。この場合、前述したPossessionの視点でコーチングをすることで前進を促します。

③知識・スキルをどう使ったらいいのか、具体的にわからない

これは、Possessionがあるのにその適用方法がわからないという状態です。研修を受けたけれども現場ではなかなか使えないというのは、まさにこの状態です。

④変化を起こせない

スキルも意思も十分にあり、実施方法もわかっているのだけれども、一歩を踏み出せないという状態です。

❖ 行動を妨げる4つの壁 ❖

このように行動が起きない状態といっても理由はさまざまです。行動が起こらないとき、はじめにその人がどの状態にあるかを知ることで、行動を起こす状態にいち早く導くことができます。

上記4つの壁のうち、①の壁への対応についてはPresenceの項と第4章で扱います。②の壁への対応についてはPossessionの項で扱いました。ここでは③と④の壁への対応について説明をしましょう。

## Possessionを現状に適用させる

行動できない3つめの壁として挙がっていた、「具体的に何をしたらい

いのかわからないから行動できない」ということについて考えてみましょう。

　身につけた知識やスキルを現場で使うためには、どう使うのかという適用方法を考える必要があります。たとえば、ロジカルシンキングを学んだとしても、仕事に活かすには、適用方法を考えなければなりません。Possessionの力を発揮するには、現状に適用するというステップが必要なのです。

　コーチはクライアントに質問することで、いつ、何に、どうやって使うかまで会話の中で明確にし、イメージをもってもらいます。スキルを使う対象やタイミングが明確になることで、行動が起こる可能性が高まります。はじめはうまくスキルを使えないかもしれませんが、行動をしたあとのセッションで、うまくいったのか、どうだったのかを振り返り、自分の現状に適用した行動へとさらにブラッシュアップしていきます。

## 使っていないPossessionを見つける

　ここまでは、目標達成のために適用するスキル・知識がすでにわかっており、その適用方法がわからないという場合を説明しました。しかし、コーチングをしていると、「せっかくもっている知識・スキルを目標達成に使っていない」というケースにも遭遇します。

　たとえば、「仕事を早く終わらせたい」という目標があり、どうしたらいいかと考えるクライアントがいるとします。その方に「仕事を早く終わらせるにはどんな方法があるか？」と質問すれば、毎朝予定を立てる、チェックリストをつくる等、いろいろなアイデアが出てきます。これは知識はあるのに行動につながっていなかったということです。コーチはこういったクライアント本人のもっているPossessionを引き出し、現状に適用させて行動を促進します。

## 宣言することで「現状維持のバイアス」を乗り越える

　次に、4つめの壁である「変化を起こせない」ということについて考え

てみましょう。

　人は新しい行動をはじめること、そのものに抵抗を覚えます。これは「現状維持のバイアス」として学術的にも知られています。バイアスとは人間の思考に無意識に影響を及ぼす偏見や先入観のことです。つまり、現状維持のバイアスとは、人が判断を下す際に現状を維持して、これまでと同じパターンを継続する傾向があるということです。これは、これまでの行動パターンで生きてこられたのだから、違うことをする必要はないという、非常に理にかなった判断傾向といえるでしょう。しかし、これが新しい行動の起こらない原因となります。

　「現状維持のバイアス」を乗り越え、「新しい行動」という変化をクライアントが起こせるように支援するために、コーチングではクライアントに行動を「宣言」してもらうことがあります。宣言することのメリットは3つあります。

### ①約束を守ろうとする気持ちが働く

　自分に対する約束と比べると、他人との約束を破るのはハードルが上がるのではないでしょうか。他人との約束を守ることによって、「あの人は約束を守る人だ」という承認を受けられますし、破ることによって信頼を失うという結果が待っています。

　また期限を決めることで、行動が促進されるという効果も出てきます。

### ②行動が具体化する

　コーチは宣言してもらう際に、具体的な行動計画となるようにクライアントと話をし、次回までに何をするかを明確にします。これにより、何をすればいいのかが理解でき、行動を起こしやすくなります。また、行動を明確にすることで、それを達成しようという思いと、できていない状態を避けたいという危機感が生まれ、モチベーションが高まるのです。

### ③コーチがクライアントのコミットメントを知ることができる

　行動を宣言しているときの声の大きさ、自信がありそうかどうか、「できないかもしれませんが〜」といったりしていないかを見ることでクライ

アントのコミットメントを確認します。コミットメントが低いと感じた場合、そのことをクライアントに伝え、それについて対話をします。

### 行動をして振り返る

　ここまで行動を起こすことについて説明してきましたが、コーチングでは、クライアントが行動を起こした時点で終わりではありません。起こした行動を振り返ることも重要です。

　振り返ることは、クライアントが成長を実感することに役立ちます。遠くの目標ばかり見ていると、実現しないことばかりが目に入り、成長を実感することが難しい場合があります。前回の自分との違い、行動したという事実を振り返り認識することで、確かに目標へのステップを進んでいると実感することができるのです。そして、それが次の行動の原動力になります。

　行動できなかった場合にも振り返り、行動を起こせなかった原因は何なのかを考えたり、決めた行動そのものが本当に必要だったのかを考えたりします。

　コーチングでは、「行動を起こすコーチングセッション」とその間の実践期間、そして、「行動の振り返りセッション」という繰り返しにより目標達成に近づいていきます。

## 2-4 Presenceとは

Presenceとは「人としてのあり方」

### Presenceが行動を決定する

　Presenceとは、価値観、考え方、ものの捉え方といったものです。

　たとえば、「仕事は成果で評価するべき」と考える人もいれば、「成果だけでなくプロセスも評価するべき」と考える人もいるでしょう。また、同じ管理職という役割についても「メンバーを牽引するものだ」という人もいれば、「メンバーの力を発揮させるものだ」という人もいます。

　どれがよいか悪いか、ということはありません。ただし、自分がこれまでの人生で構築し、いろいろな場面で有効に機能してきたPresenceであっても、あらゆる場面で必ず有効に機能するとは限りません。しかし、そのPresenceは本人には思考や行動の前提となっているため、意識して対応することは難しいのです。

　課長に昇進した営業のAさんの例をもう一度取り上げます。

　はじめて管理職になったAさんは、コーチに対して「課の目標を達成したい」と想いをこめて目標を語りました。そして、「プレーヤーとして自分の成績を上げるという役割から、チーム全体の成績を上げる役割に変わったことを意識していくことが大事だ」と自ら語ったのです。

　しかし1か月経つと、Aさんは「なかなか思いどおりにメンバーが成果を上げない」といいます。どんな状況なのかコーチが聞くと、Aさん自身が部下の担当顧客先に出かけて行き、一人で商談をまとめてしまっていました。しかも、少しうれしそうな表情で「いつまでも自分が商談に行くようではチームの数字は上がらないな」と話すのです。さらに部下には、「まだまだ俺がいないとダメだな」といったりしていました。

　Aさんは、自分で語ったとおり、チーム全体の成績を上げる役割に変わったことを意識できているでしょうか。Aさんの言動を見る限り、「営業たるもの自分の成績を上げることがよいことである」というプレイヤー時

代につくられたPresenceが根強く残っていることがわかります。それが管理職として「部下の行動を促進し、チーム目標を達成する」という目標を妨げているのでした。

　コーチは、そうしたAさんのPresenceの印象をフィードバックし、いま選択すべきPresenceがどのようなものなのかを問いかけます。クライアントは現在のPresenceを認識することで、目標のためにどんなPresenceが適しているかを選択し直すことができるのです。

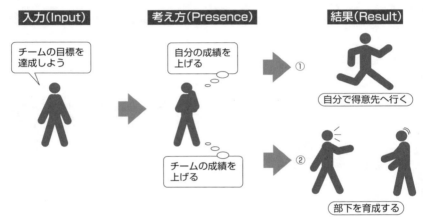

本来は②の結果に行きたいのだが、Presenceの段階で①に決まってしまう

## Presenceは体験によってつくられる

　では、こうしたPresenceはどのように身についたのでしょうか。

　Presenceは、その人がこれまでの人生で得た成功体験によってつくられています。人は、うまくいったパターンを無意識で繰り返し、うまくいかなかったパターンは避けることを経験上学びます。たとえば、面白い話をして家族に喜んでもらった子供は、また面白い話をしようと思うでしょうし、同じく面白い話をしても「静かにしなさい」と叱られた子供は面白い話をするのはやめようと思うでしょう。

　こうした経験はいつの間にか積み重なり、人が判断をするときの軸とな

っていきます。人は、毎回毎回「どうやったらうまくいくだろうか」とあらためて考えるようなことはしません。時間をかけると状況が変化してしまいますし、成果を上げるスピードも下がります。物事をうまく進めるために無意識レベルで即座に判断できる軸として、人はPresenceを身につけているのです。

　BさんというクライアントのBさん方がいました。Bさんが入社時に配属された部では、早く仕事をすることが重視されていました。Bさんはスピード重視で仕事を実施し、高い評価を得る中で、「仕事はスピードが大事である」というPresenceを獲得していきました。しかしその後、異動した新しい部署の業務は、多少遅くても「正確さ」が求められるものだったのです。にもかかわらず、Bさんは正確さよりもスピードを重視し続けたため、求められている成果をなかなか出せない状況が続きました。新しい部署に来た段階で、Bさんは「スピードと正確さのどちらも満たすことはできないのか？」「どんなときはスピードが大事で、どんなときは正確さが大事なのか？」といったことを考えて、自分のPresenceを場に応じて選択できるようになることが必要だったのです。

　部署異動を例にとりましたが、これは、先ほどの新任課長のように昇進して役割が変わった場合などにもあてはまります。わかりやすく大きな変化があった場合を取り上げていますが、一緒に働くメンバーが変わったり、社内のルールが変わったりと環境は常に変化しています。こうしたトランジションを乗り越えるのを支援するもコーチの大きな役割です。環境の変化に対応せずに、同じPresenceをもち続けていると、いつの間にかそのPresenceが現状とマッチせず、成長の妨げになってしまうことがあるのです。現在のパフォーマンスを最大化するためには、現在必要とされるPresenceを選択することが重要なのです。

### Presenceを自覚するのは難しい

　では、現在の状況に合わせてPresenceを把握し、選択することが簡単にできるかというと、そうではありません。第一に、なかなか自分のPresenceを自覚することは難しいものです。なぜなら、本人にとってそ

れは当然の前提となっているからです。「仕事を速くやる」というのは当たり前のことであり、それを疑うということ自体が困難なのです。本人がこのままではいけないと明確に自覚できるのは、大きな失敗をしたときでしょう。

そこで、コーチはクライアントのPresenceに関して、日頃から質問やフィードバックをして自己認識を促します。そして、クライアントが明確にPresenceを自覚する手段としては、自分のPresenceを言語化してもらうということが有効です。Presenceを使った判断は無意識で瞬時に行なっているため、言語化することで意識しじっくり考えることができるのです。そのうえで、現状に最も適しているPresenceは何なのかを考えて課題達成に向かうのです。

たとえば、クライアントがPresenceを考えるきっかけとなる質問としてこんなものがあります。

### ❖ Presenceを考えるための質問例 ❖

- 価値観や座右の銘は何でしょうか？
- その価値を大事にしている理由は何でしょうか？
- いつからその価値を大事にしているのでしょうか？
- その考え方が大事だと身につけたときと比べて、いま違うことは何でしょうか？
- その価値が仕事で現れているのはどんなときでしょうか？

ここで、Presenceを自覚し、行動が変化した例を紹介します。

外資系IT企業で働くCさんは、部下育成にコーチングを取り入れて成果を上げたクライアントの一人です。彼女にはD君という新人の部下がおり、彼が資料をつくる際の仕事の進め方に頭を痛めていました。D君に資料の作成をお願いすると、作成途中の段階で上司や同僚に相談をせず、またフィードバックを受けに来ることも一切ありません。そして、締め切り直前になって完成版と称した資料を提出してくるのですが、経験も知識も未熟なD君のつくった資料は大幅な書き直しが必要なことも少なくありま

せん。しかも締め切りギリギリの修正となるので、Cさんが D君に付きっきりとなって資料をつくる羽目に陥ります。

　もちろんCさんはD君に、「作成途中の段階から、定期的に上司や同僚に資料を見せてアドバイスをもらったり、方向性の確認と修正を行なったりするように」と常日頃から伝えています。D君もその指示には「わかりました」と返事をし、少しの間は行動に変化が現れるのですが、すぐに元に戻ってしまいます。

　CさんはD君とのコーチングでPresenceを言語化する重要性を体感していたため、D君が自分自身で「誰にも相談せずに資料をつくってしまう」という行動の背景に気づけるようコーチングを試みました。D君は自分が資料を途中段階で見せない背景を以下のように語りました。

- Cさんやチームメンバーに自分の能力を認めてほしい
- 未完成の状態で見せてしまうと、フィードバックを受けやすい
- 未完成の状態で見せてしまうと、チームのメンバーに自分の能力が低いと思われてしまう
- だからなるべくフィードバックされないように、自分でも完璧だと納得できるレベルまで仕上げてから見せたいと思ってしまう
- フィードバックされると、自分の能力が低いように感じて落ち込む

　自分のPresenceを言語化したあと、D君はひと言「自分は何でこんなにプライドが高いんでしょうね」ともらしたそうです。そしてコーチングは他のPresenceを選ぶ可能性にも及びました。

- 未完成の段階で見せたらフィードバックが来るのはむしろ当たり前
- 未完成の段階でフィードバックを受けておけば、締め切り間近にCさんに迷惑をかけることがなくなる可能性が高い
- 自分は非常にプライドが高いが、仕事に対してプライドをもって取り組むことは悪いことではない
- しかし、そのプライドのせいでフィードバックが受けられず、仕事の品質が下がってしまうのは本末転倒
- 最終成果物の品質を高めるために、少々格好が悪い気がしてもフィードバックをどんどん受けに行くことこそが本当のプライド

最後にD君は「よくよく考えると、結局自分で自分の首を絞めていたんですね。次からは絶対に途中途中で資料をお見せするようにします。今度こそ必ず」と宣言しました。そして本当に、それからは未完成の状態でも頻繁にフィードバックを受けに来るようになったそうです。

## 3つの要素はそれぞれ影響し合っている

　ここまでお話しした3つのPBPの視点は、それぞれが相互に影響し合っています。たとえば、PossessionとBehaviorの場合、知識やスキルを利用して行動するという関係がありますが、逆に行動をすることで学び、それがスキルとして備わるということもあります。

　PresenceとBehaviorの場合は、人が行動を起こすときに、まず頭で理解して行動を起こすというパターンと、行動することでそのやり方がよいと理解できるパターンがあります。またPossessionとPresenceの場合は、考え方が変わって新しいスキルが必要と思うこともあるでしょうし、スキルが身について、これもできそうだと考えが変わることもあるでしょう。

　このように3つの視点には相互作用がありますし、その分類を考えると難しいと感じることがあります。コーチングにおいては相手のどの要素を扱うのがよいのかを厳密に考えるよりも、相手の成長を考えるガイドラインとしてPBPを利用し、多面的にアプローチすることが重要です。

❖ PBPには相互作用がある ❖

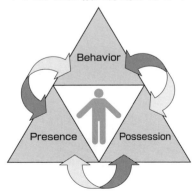

第3章

# コーチングの３原則

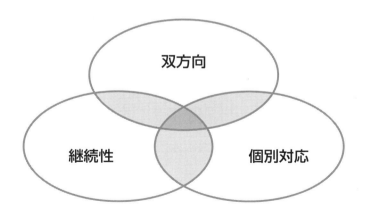

## 3-1 コーチングの３原則とは

コーチに欠かせない３つの要素

### プロのコーチが備えるべき「心」

　前章まで、コーチングとはいったい何なのか、なぜコーチングが機能するのかなどについて解説してきました。私たちコーチは、対話をより"機能的なもの"にするため、戦略的に、コミュニケーションの技術であるコーチングスキルを駆使しながらコーチングを行ないます。ところが、テクニックだけのコーチングでは、クライアントの目標達成支援において十分とはいえません。

　スポーツの世界では、選手が兼ね備えるべきものとして、よく「心技体」と表現されます。コーチングの世界においても、コーチングテクニックとしての「技」や、クライアントとの対話を繰り広げる「体」は必要ですが、それ以上にコーチが備えるべき「心」、マインドが重要です。この章では、このコーチが備えるべきマインドである、「コーチングの３原則」について紹介していきます。

### 双方向、継続性、個別対応という３つのマインド

　コーチングの３原則とは、コーチが常に意識している「クライアントとの関わり方」における、双方向、継続性、個別対応というマインドです。

　以前のクライアントで、メーカーで営業マネージャーを務めるＤ氏のお話です。Ｄ氏は、チーム内のコミュニケーションに問題を抱えていました。部下の方によると、「頭ごなしに怒られる」「意見を否定されてばかり」などの声が多く、確かにそのような関わり方をしているようでした。

　なぜそのような関わりをしているのかと聞くと、Ｄ氏から、「周囲からの信頼が篤く、自分も尊敬しているＥ部長のまねをしている」という答えが返ってきました。実際、Ｅ部長は部下育成には厳しい指導をしていまし

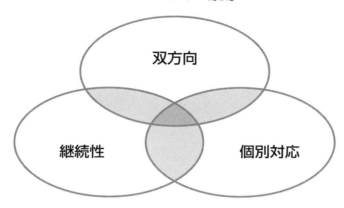

たが、指摘したあとには必ずフォローする、時には飲みに連れて行って部下の話をじっくり聞くなど、部下の成長を思っての関わりをしていたのです。D氏は、E部長のそのような関わり意図にはまったく気がつかずに、表面的なテクニックのみをまねして、部下と接していたのです。

このようなケースは意外に多いのかもしれません。いまや多くの企業で導入されているコーチングですが、スキルだけを部下に使って効果が出ずに、「コーチングは使えないもの」としてしまう方も残念ながらいらっしゃいます。

この章で解説するコーチングの3原則は、どんなクライアントに対しても、コーチが普遍的に満たすべきスタンスといえます。テクニックなしではコーチングは成立しませんが、3原則は、コーチが実践の場面においてテクニック以上に優先し、常に立ち返るべき原点なのです。

次項では、コーチングの3原則の中でも、最も基本的な原則ともいえる「双方向」から解説していきます。

## 3-2 双方向

双方向の対話で、クライアントの無意識を顕在化させる

### 双方向のつもりの会話と、双方向の会話の違い

1つめの原則は「双方向」です。双方向の対話とは、ただ単純に言葉が行ったりきたりしていることではありません。たとえば次の会話を見てみましょう。

クライアント「すみません。先週やると決めたことができませんでした」
コーチ　　　「あなたが目標を達成するためには、必要だったことですよね？」
クライアント「はい。そう思います」
コーチ　　　「わかっているのに、なぜできないんですか？　なぜやらないのですか？」
クライアント「そうですよね。すみません」

このような、コーチ側に強い先入観や、正解ありきで誘導的な質問をしているコミュニケーションは、言葉のやりとりをしているだけで、双方向とはいえません。コーチがクライアントにいいたいことを一方的に伝えているコミュニケーションです。

上の会話の例では、「目標達成のためには、やると決めたことはやるべきだ」というコーチ側の強い価値観・信念のもと、「とにかく、もう一度やると約束させよう」という着地点が決まった誘導的な質問となっています。コーチとクライアントが対等な立場ではありません。

では、双方向が成立していると、先ほどの会話はどうなるでしょうか。

クライアント「すみません。先週やると決めたことができませんでした」
コーチ　　　「何か理由があったのですか？」

クライアント「頭の片隅には常にあったのですが、緊急トラブルでその対
　　　　　　　応に追われてしまって……」
コーチ　　　「それは大変でしたね。忙しい中でも、目標に向けて前進す
　　　　　　　るにはどんな工夫ができるでしょうか？」
クライアント「優先順位を明確にして、取り組んでみようと思います」

　この会話は、先ほどの会話とは違って、同じ目線で言葉のキャッチボールをしている状態です。相手の発言を受けて、自分の言葉を投げかけ、またそれに返して……という、やりとりの繰り返し、それが双方向のコミュニケーションが成立している状態です。

### ❖「双方向」のコミュニケーション ❖

## クライアントの自走状態をつくることがコーチの役割

　さて、クライアントとの対話は、常にクライアントの目標達成に関するものでなければなりません。そもそもコーチングの目的は、目標達成を支援することによってクライアントを長期的に成長させることにあります。ここでいう長期的な成長とは、クライアントが目標達成までのステップを着実に上がりながら、常に目標に向かってチャレンジし続けている状態を指します。そして、最終的にはコーチなしでも、目標に向かって自ら考え行動できる状態、つまり、クライアントが自走している状態になることが、コーチの役割です。

コーチはクライアントとの対話の中で、自分自身や会社、部下などについて、じっくり考えてもらう時間を多くつくります。その対話を繰り返すことで、クライアントが自分自身に問いを発し、それに答え、行動するというセルフコーチングが可能となるのです。
　ビジネスパーソンの多くは、会社から与えられた目標のために、「いま自分はどこに向かっているのか？」「そのために、いましていることはどんな意味をもつのか？」などと考える余裕もなく、目の前の仕事に忙殺されています。その様子は、まるで周囲の景色を見る余裕もなく次の駅を目指して走り続ける特急電車のようです。
　変化の早い現在においては、企業組織の中での個人の役割もそのスピードに応じて変化していきます。そのとき、いち早くその状況に対応し、成果を上げていくためには、他者から方法を教わる、指導されるというような受身型の方法には限界があります。
　コーチは、特急電車に乗っているクライアントがプラットフォームに降りて、自分自身と直面し、目標や自身の成長に向けて、徹底的に考えるための対話をつくり出すのです。

## 双方向の会話で「無意識を顕在化」させる

　私のクライアントで、大手企業で経理部長を務めるＡ氏との初回のセッションは、印象的なひと言からはじまりました。
　「私は、相手の話をじっくり聞くことができないのです」
　穏やかな印象のＡ氏は、部下の相談に対して、一見親身に話を聞いているように見えても、あとになって相手が何をいっていたのか把握できていないことが多いというのです。
　その理由を伺うと、Ａ氏は「無駄な前置きや説明がはじまると、『またはじまった』と思ってしまいます。特に、相手の話に論理性が欠けていると、聞こうとする気がなくなってしまって、そのあとはほとんど内容が耳に入ってこないのです」と話してくれました。さらに、論理性を重視する理由を聞くと、「ビジネスの場では、短時間に相手を納得させるためにロジカルに話をすることは、当然重要なことではないですか」と。Ａ氏に

は、「部下は上司に『当然』論理的に話すものだ」という信念、つまり、Presenceがあったのです（☞63頁）。

さらに信念の背景を深掘りして聞くと、「入社5～6年目だったころ、尊敬していた先輩から、いつも自分の話の論理性のなさを指摘されていました。論理性がなくてはダメだと思いはじめたのはその影響が大きいでしょうね」と答えました。

「論理性のない人は、Aさんにとってどう映るのですか？」言葉につまりながらもA氏は答えました。「論理的に話せない人＝仕事ができない人という捉え方をしているのだと思います」

コーチは、クライアントが「当然」そうだと思っていることについて、深掘りしていきます。クライアントの無意識での思考パターンや物事の捉え方を顕在化させることによって、目標やクライアント自身の成長にそれが有効なのかどうかを検証していくのです。もし、いままでの思考パターンや物事の捉え方が、現在向かっている目標や成長にブレーキをかけていることがわかれば、いままでとは違う選択肢が存在することがわかり、行動を変化させるきっかけとなります。

このようにコーチは、クライアントの無意識の思考や行動の原因をアウトプットさせて自覚させることで、クライアントが自ら、目標や成長に向けて最も有効な方法の選択、実践、軌道修正ができるように支援をします。

### たくさんアウトプットをさせることが重要

コーチは、クライアントにさまざまな視点で話をしてもらいます。もちろんやみくもにではなく、クライアントの目標達成に向けた長期的成長という意図をもって、無意識を顕在化させていきます。

無意識にあるものを言語化させて、行動に結びつくような気づきを得るには、クライアントにたくさん話してもらう必要があります。本田宗一郎氏は「成功は99％の失敗に支えられた1％」といっていますが、コーチングも同様に、クライアントが多くのことを言語化する中で、有効な「気づき」が得られるものです。

## オートクラインとパラクライン

　ここで、「気づき」が起こる仕組みを少し別の視点から捉えてみたいと思います。
　話はぐっとミクロレベルになりますが、私たちの身体は平均60兆個の細胞で構成されており、この細胞間でもコミュニケーションが交わされています。それを表したのが下の図です。

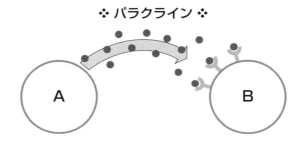

❖ パラクライン ❖

　A細胞が情報を発信して、B細胞のレセプター（受容器）がそれをキャッチする様子を表しています。このように近隣の細胞へ作用することを「パラクライン」といいます。ところが、A細胞から発信された情報は、自分自身にも作用していることがあるのです。これを「オートクライン」と呼びます。

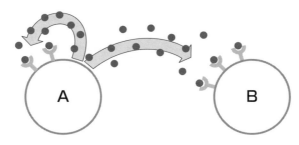

❖ オートクライン ❖

この図の細胞を人に置き換えてみると、AさんはBさんに話をしながら自分自身にも話をしていることになります。人は、会話の中で、自分の内側の情報をアウトプットすることで、はじめてその情報を正確に認識することができるのです。会話を交わすことで言語化し、アウトプットすることで自分のアイデアを認識する——。つまりオートクラインを起こすのです。このオートクラインによってもたらされるものが、「気づき」であり、クライアントにオートクラインを起こすことが、コーチの重要な役割の1つといえるのです。

### オートクラインを起こすための対話

　では、対話の中で、効果的にクライアントのオートクラインを起こすには、どうすればよいのでしょうか。それには、対話の質と量を向上させる必要があります。

　対話の質を高めるための有効な手段として、重要な技術が「質問」です。コーチは「質問のプロフェッショナル」ともいわれますが、クライアントの潜在意識に質問という方法で働きかけて、無意識を顕在化させるのです。

　また、対話の量を増やすためには、コーチとクライアントの間の信頼関係が重要です。「コーチに話を聞いてほしい」「コーチと一緒に取り組みたい」という気持ちがクライアントにない限り、コーチがいくら効果的な質問を投げかけても、クライアントは多くを話さないでしょうし、表面上の会話になってしまう可能性が高くなります。

　それでは、オートクラインを起こすための「質問」と「信頼関係」について詳しく見ていきます。

### 質問でオートクラインを起こす

　コーチは効果的な質問を投げかけることで、クライアントの思考パターン、成功体験、信念、価値観などのリソースを顕在化していきます。それらに質問がなぜ有効なのか、脳の仕組みから解説しましょう。

❖ 問題に直面したときの脳内の働き ❖

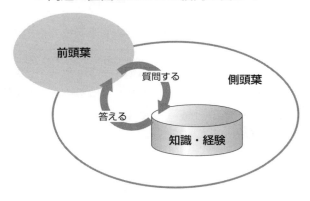

　私たちの大脳には、前頭葉と側頭葉という部分があります。前頭葉は他の領域の機能を働かせる命令を出すことから「脳の司令塔」と呼ばれています。対して、知識や経験などを蓄積しているのが側頭葉です。上図をイメージしてください。

　普段、私たちが「こんなときはどうしたらいいのか」といった問題に直面すると、前頭葉が側頭葉というデータベースを検索し、知識や経験に基づく答えを返す仕組みが動きます。つまり、脳の中では、前頭葉と側頭葉の間で「質問する⇔答える」というコミュニケーションが交わされていると捉えることができます。

　ここで、先ほどのA氏の例を思い出してみてください。話が冗長で、論理的でない部下を前にすると、どうしても聞こうとする気がなくなってしまうA氏の前頭葉は、「論理的でない人にはどう対応する？」という質問を側頭葉に投げかけ、側頭葉は「話を聞かなくてもいい」と返しているのかもしれません。その結果、行動がワンパターン化してしまうのです。

　私とA氏は、こんなやりとりをしました。

コーチ「論理的ではないのに話が聞ける相手はいますか？」
A氏　「娘は7歳ですが、娘の話は聞く気になりますね」
コーチ「そのとき、何を思って聞いているのでしょうか？」

A氏　「論理的かどうかは関係なく、何が起きたのだろうと興味で聞いています。娘にはそもそも論理性など期待をしていないですね。むしろバラバラな話を自分で結び付けながら聞いています」

　話しながら、論理性が欠けている相手の話もすでに聞くことができている自分に気がついたA氏は、それ以降、部下の話に「論理性があるか」ではなく「何が起きたのか」に意識を集中して聞いてみることにしました。
　このとき、私はまず「論理的でない人が相手でも話を聞くことができた経験はないだろうか」という視点でA氏に質問をしました。そして、お嬢さんの話を聞くことができたことを振り返ってもらうことで、論理的ではない人の話を聞くための方法を明らかにしていきました。
　コーチはこのようにさまざまな視点から質問を投げかけることによって、クライアントにそれまでとは別の視点で物事を捉えるきっかけを与え、行動の選択肢を広げます。これが、コーチがクライアントに質問という形で働きかけてオートクラインを起こさせる仕組みです。

❖ コーチの質問がオートクラインを引き起こす ❖

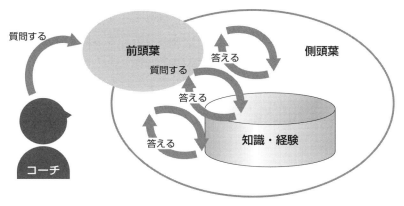

　ここで大切なのは、クライアントが普段から自分に問いかけている質問と同じ質問をコーチがしても、オートクラインはなかなか起こらないということです。コーチは、クライアントにとって効果的な質問をするために

も、クライアントがつまずきやすいポイントは何なのか、どんな思考パターンをもっているのかを把握しておく必要があります。

オートクラインを起こすための効果的な質問を投げかけるように、常にクライアントに興味をもち続けることが、コーチにとって重要な姿勢といえます。

### 双方向が効果的な質問を生み出す

そもそも、効果的な質問とは、コーチとクライアントとのどのような対話から生まれるのでしょうか。

駆け出しのコーチが失敗するケースとして、クライアントの成長を促進したいと思うがあまり、対話の双方向性を忘れてしまうことがあります。

たとえば、自分の聞きたいことだけ聞いてしまうコーチです。クライアントからアイデアを引き出すために、たくさん質問すればよいというものではありません。相手の答えを受け止めて、その答えに関連した質問を投げかける、返って来た答えについて別の角度から質問して……と、双方向のやりとりの中から効果的な質問は生まれるものです。ですから、事前に用意した質問しかできないコーチには、クライアントにオートクラインを起こし、多くのアイデアを引き出すのは困難でしょう。

双方向でない、一方通行のコミュニケーションにもメリットはあります。実際の企業の現場を見れば、部下一人ひとりの行動を明確に指示するために、一方通行の関わり方で成果を上げているマネージャーも多くいます。

ではなぜ、私たちコーチが一方通行ではなく双方向の関わりをもっているかというと、クライアントの長期的な成長を視野に入れているからです。短期的な目標達成であれば、直接やり方を教えたり、行動を指示する方法でも結果が出るかもしれません。しかし、私たちコーチは、クライアントの長期的成長を意図していますから、双方向の関わりを継続的にもつことでその実現を図るという戦略を取っているのです。

## オートクラインを起こすために必要な信頼関係

次に、「質問」と同様に、クライアントにオートクラインを起こすために重要な要素として挙げた「信頼関係」について、お話しします。

コーチングは目標に向けて行なわれるものですから、変化が起こらないようなクライアントには、コーチから行動することを求めたり、目標に対する現在地点に直面させたり、緊張を与えたりする場面もあります。それには、「クライアントは必ず成長するはずだ」という期待が前提にあるのですが、クライアントにとっては、必ずしも心地よい会話ばかりではないかもしれません。だからこそ、コーチとクライアントには信頼関係が必要なのです。

クライアントが、コーチに対してどんなときに何をいっても大丈夫だという安心感をもつことができなければ、当たり障りのない表面的なことだけを扱うコーチングになってしまいます。それでは、いくら効果的な質問をしたとしても、クライアントは自分の中の深い思考にはたどりつけないでしょう。そのような状態では、もちろんオートクラインを起こすことは難しくなります。

❖「信頼」がコミュニケーションを媒介する❖

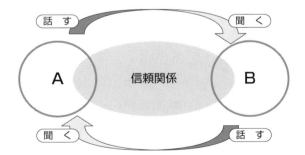

## 信頼関係のつくり方

ここでは、信頼関係をつくり出すために、私たちコーチが実践している

工夫を紹介します。

　通常、コーチングは短くても数か月〜半年間継続して実施されます。コーチは初回のセッション時、特に気を配ります。なぜならば、クライアントのコーチングへのコミットメントを高め、目標達成へのモチベーションを上げるためには「このコーチとともに目標を達成したい」と思わせなくてはならないからです。目標達成をいち早く実現させるためには、できるだけ早く信頼関係を構築し、クライアントが安心して話ができる環境をつくることが重要です。

　信頼関係構築の基本は、お互いを知ることからはじまります。私自身は、最初のコーチングセッションでは、クライアントの情報をたくさん聞き、同様に自分の情報も話すようにしています。

　具体的には、入社してからいまのポジションに至るまでの経歴、成功体験、失敗体験、武勇伝、仕事への思い、信念、1日の過ごし方などのビジネスに関することはもちろん、趣味、家族構成、好きな本などのプライベートについても話します。お互いの情報を交換することで、親近感を高めることができるからです。

　心理学では自分の心を開くことを「自己開示」といいますが、自分の心を開くと、相手もそれに応じて心を開いてくれるという「返報性の法則」があります。つまり、クライアントに心を開いてほしければ、まずは自分の心を開く必要があるということです。信頼関係の初期段階として、まず、親近感や安心感をクライアントに抱いてもらうために、お互いを知ることは非常に重要です。

## 率直に要望して信頼関係を強める

　セッションが進行する過程で、コーチはクライアントに対して何らかの要望をします。コーチングによって引き出された行動のアイデアを、次回のセッションまでに実行してほしいとリクエストすることも少なくありません。

　クライアントの行動が停滞しているときには「もう少し行動のスピードを上げてほしい」、視野が狭くなっていれば「客観的に自分の行動を振り

返ってみてほしい」と要望することによって、コーチはクライアントの目標達成に向けての行動を促進します。

これは、いいにくいことでも率直にいい合える関係ということもできるでしょう。気を遣いながら回りくどい表現を使って言葉を交わさなければならない間柄では、十分な信頼関係が築けているとはいえません。

コーチは、クライアントの目標達成や成長のために必要だと思うことを、率直にリクエストします。また、クライアントからのリクエストにも応じます。お互いに相手にしてほしいことを伝え合い、それを実行するという繰り返しの中で、信頼関係を構築していきます。

この項では、コーチングの3原則の最も基本的な原則といえる「双方向の対話」についてお話ししてきました。コーチはクライアントのオートクラインを戦略的に起こすために、「質問して答える、それに対して質問する……」というやりとりを繰り返します。そして、そのベースには常に信頼関係が成り立っている——これが双方向の対話が実現している状態といえます。

次の項では、より確実に目標達成を手にするための関わり方である「継続性」について詳しく見ていきます。

## 3-3 継続性

継続的に関わることで、クライアントを着実に目標に近づける

　クライアントが掲げる目標は、到達までの期間も難易度もさまざまです。前項で解説した、双方向の対話によって顕在化した意識（気づき）は、クライアントの行動を変化させるきっかけとなりますが、目標達成に着実に近づくためには、たった一度の気づきでは難しく、変化した行動を定着させる「関わり方」の工夫も必要です。

　この項では、より着実な目標達成のために、コーチがクライアントに対してどんな「関わり方」をするのかについてお話ししたいと思います。

### 継続して関わることでビジネス環境の変化に対応する

　企業には「長期ビジョン」「〇社のあるべき姿」といった目標と、「事業計画」「中期計画」などの目標に至るまでの戦略が存在し、社内外に提示されています。ところが、残念ながら、計画がその内容どおりに実施されることは多くありません。その要因は、社員への浸透不足やマネジメント不足など、さまざまなものが考えられます。そして、日々刻々と変化するビジネス環境の中で、何が起こるかを完全に予測し、それらをすべて計画に盛り込むことは不可能といえます。

　これは、企業組織に限ったことではなく、個人レベルでも同じです。私たちビジネスパーソンには、営業数字、開発件数などさまざまな業務目標があります。そして、現在のような先の見えない経済環境では、一度掲げた目標に向かってどんなプロセスで何をすべきか、完全な実行計画を事前に立て、実行し続けることは難しくなっています。

　コーチは、否応なしに変わり続けるビジネス環境に対応しながら、クライアントが着実に目標達成に近づいていけるように、継続的に関わることでクライアントに起きた変化に迅速に対応していきます。

　現在、ビジネスリーダーへのコーチング需要が高まっているのは、こう

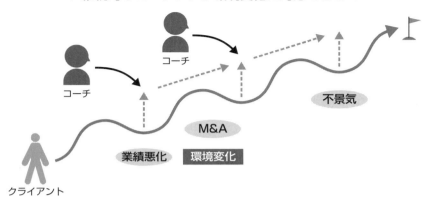

した環境変化への対応力がますます求められている、という背景があるのでしょう。

## クライアントを目標に集中させる

　皆さんの職場に、一度立てた目標を常に達成する人、成功し続けている人はいるでしょうか？　あなた自身がそうかもしれませんが、そのように常に成果を上げ続けている人の特徴があるとしたら、それは何でしょう？
　「成功するには、成功するまで決して諦めないこと」——これは、アメリカで鉄鋼会社を創業し、成功を収めたアンドリュー・カーネギー氏の残した言葉です。本田宗一郎氏も「最後まで諦めなかった人間が成功しているのである」と社員によく語っていたといいます。どちらも、諦めずに継続して行動し続けることは、成功のための重要な要素であることを示唆していますが、彼らのように大きな成功を手にした著名人でなくとも、皆さんの周囲の成果を上げている人には、この「成功するまでやり続ける」という行動特性があるのではないでしょうか。
　目標に至るまで行動し続けるというのは、言葉では簡単ですが、私自身も含めて現実には容易なことではありません。コーチングで扱うテーマや

目標には、「タイムマネジメントスキル向上」「ビジョン構築」などの比較的短期間のものもありますが、「リーダーシップの開発」や「組織力の向上」など、長期にわたってクライアントの成長を促進させながら目標達成を支援するものもあります。

しかし、日々煩雑な仕事に忙殺されがちなビジネスパーソンにとっては、長期的な目標は優先順位が下がり、後回しの対応になりがちです。

また、「リーダーシップ」「組織力」という抽象度の高いテーマの場合、クライアントの行動変化や、実践によるインパクト、成果が具体的に見えにくいため、自分が目標に対してどの程度達成できているのか、自分がやっていることが合っているのかを判断しにくいことも、継続的な行動を困難にする要因の1つです。

コーチは、クライアントのこうした状況を理解したうえで、継続的に関わりをもつことにより、クライアントを常に自分の立てた目標に集中させ、目標に向けての行動を促していきます。

### コーチの役割は「意欲の向上」と「ズレの修正」

コーチングにおいて、コーチはクライアント自身の成長を目指しているわけですが、クライアントにとっては、自分の掲げた目標を確実に実現することが、コーチングを受ける動機となっています。

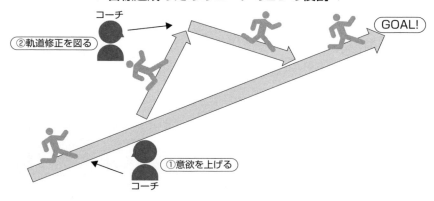

❖ 目標達成のためのコーチの2つの役割 ❖

クライアントが目標達成まで諦めずに行動し続けられるよう、クライアントの意欲を高め、維持することが、私たちコーチの大切な役割となります。また、前回のセッション後の行動を振り返り、その行動が目標達成のプロセス上、適切であるかどうかを検証し、ズレが生じている場合には軌道修正を図ります。
　この、「意欲の維持向上」と「軌道修正」を効果的に実施するためには、たった一度の対話による気づきでは難しく、こまめにクライアントと関わり続ける必要があります。
　目標達成までのプロセスをマラソンにたとえるならば、ランナーであるクライアントにとって、コーチングセッションは給水ポイントの役割を果たしています。複数の地点においてエネルギーチャージし、これまでのルートとこれからのルートについて一緒に考えることにより、ペースやフォームについての軌道修正を図りながら、より着実にゴールに近づくサポートをしているのです。

## クライアントの意欲を維持向上させるための工夫

　では、コーチは、クライアントの意欲を高めるために、いったいどんな工夫をしているのでしょうか。そもそもクライアントの中には、高い目標を掲げて一人でも意欲的に邁進できる方もいますが、複雑化している現在のビジネス環境の中では、自分一人で解決できる課題は少なく、自らの力のみで意欲を維持しながら目標に挑戦し続けられる人は、そう多くはありません。
　アメリカの心理学者マズローは、人の成長過程と欲求について5段階に分類し、下位の欲求が満たされると一段上の欲求充足を目指すようになるという、段階的な説明を行ないました。
　これまでお話ししてきたように、コーチはクライアントの目標達成、つまり、マズローの欲求5段階説でいう「自己実現の欲求」を満たすべく、クライアント自身の成長をサポートしていきます。「自己実現の欲求」に向かうためには、その前提として、ビジネスという社会的な場において「所属の欲求」や「自我の欲求」を満たす必要があるのです。

### ❖ マズローの欲求5段階説 ❖

|  |  |
|---|---|
| 自己実現の欲求 | あるべき自分になりたいという欲求<br>自己目標を達成したい<br>能力・可能性を発揮し自己の成長を図りたい |
| 自我の欲求 | 他者からの賞賛を求める欲求<br>仕事を達成し賞賛されたい、尊敬されたい |
| 所属の欲求 | 会社・家庭・国家など集団への帰属欲求<br>皆に受け入れられたい、よい会社・仲間と仕事したい |
| 安全の欲求 | 生命を脅かされないことの欲求<br>安定収入、危険から身を守りたい |
| 生理的欲求 | 生命を維持するための基本的な欲求<br>食べる、眠る、飲む、排泄する |

　私たちコーチは、クライアントがより高い意欲をもって自己実現の欲求へと向かえるように、「所属の欲求」や「自我の欲求」を満たすような関わりを意図的にしています。それでは、まず、「所属の欲求」を満たすためにしている具体的な工夫を紹介します。

## 「所属の欲求」を満たすアクノレッジメント

　アクノレッジメント（承認）とは、「あなたがそこにいることに、私は確かに気づいている」と相手にメッセージを伝えること、つまり、相手の存在そのものを認める行為です（☞147頁）。ですから、承認することは、単にほめることだけではありません。むしろ、口先だけのほめ言葉は承認とはいえないのです。

　脳科学者の茂木健一郎さんは、著書『脳を活かす勉強法』の中で、人が成長するには「安全基地」の存在が不可欠だといっています。茂木さんのいう安全基地とは、自分が安心して存在できる場所のことです。何があっても逃げ込める場所、子供にとっての親のように自分を守ってくれる存在です。コーチはクラインアントにとって、安全基地のような存在でなくてはなりません。また、茂木さんはこうもいっています。「安全基地とは、

過保護や過干渉とはまったく違い、自主的に挑戦しようとすることを後ろからそっと支えてあげること。見守ってあげる、見てあげることが最も重要な要素」であると。つまり、私たち人間は、十分な安全基地を確保したうえではじめて新しいチャレンジに向かうことができるのです。

たとえば、見守っているというメッセージを具体的に伝える場合に有効なのが、「変化に気がついてそれを伝えること」です。人は、なかなか自分で自分の変化、成長を確認できないものです。他者からいわれてはじめて自らの変化に気がつきます。「前回と比べてこの点が改善されましたね」「3か月前には1日かかっていた業務が、1時間でできるようになりましたね」と具体的に伝えることにより、クライアントは自己成長を再認識し、自己効力感を高めます。自己効力感とは「自分にもできるんだ」という自信であり、それによってクライアントは、次なるチャレンジに意欲的に取り組むことが可能となるのです。

## 言葉以外でもアクノレッジメントできる

私たちは、対面セッションでコーチングをする他に、電話でコーチングを実施することもあります。

以前、大手メーカーで西日本地区の統括部長を務めるC氏をコーチしたときのことです。C氏とは初回のみ直接お会いしましたが、実際のセッションは電話で行ないました。あるセッションのときにこんなひと言をC氏からいわれました。「支社の部下とのやりとりはほとんど電話だけど、最近電話するのが楽しみになってきたのです」

理由を尋ねると、「実は、私は電話が苦手で、コーチングを電話ですることにも少し抵抗があったのですが、予想以上にいろいろ話せるものだと思いました。他の人との電話と何が違うのか考えてみると、コーチのあいづちの種類や量、タイミングではないかと思います。やはりしっかりあいづちや反応が返ってくると、安心していろいろ話せるものですね」とC氏は話してくれました。

私たちコーチは、電話でのコーチングの場合、対面と違い視覚情報がありませんから、クライアントの発言内容以外に、声のトーンや大きさ、話

すスピードなど、敏感にクライアントのノンバーバル（非言語）情報に注意を向ける必要があります。また、C氏のように、クライアントもコーチのそうしたノンバーバル情報を無意識に感じ取っているものです。ですから、あいづち1つにしても、決しておろそかにせずに「あなたの話をしっかり聞いています」「何でも話していいですよ」というメッセージを伝えながら、安心して話ができるよう心がけています。

### 「所属の欲求」からのアピールを見逃さない

皆さんが職場で何気なくしている、「あいさつをする」「名前で呼ぶ」「相談に乗る」「仕事を任せる」「ランチに誘う」なども、同じ組織の一員として相手の存在そのものを認める行為の一例です。所属の欲求が満たされないと、人は存在証明行為を取りはじめます。自分自身の存在を認めてほしい、気にかけてほしいと、アピールをはじめるのです。

コーチングにおいても、仕事の愚痴ばかりが目立つクライアントや体調不良が続いているクライアントなどは、アクノレッジメントが足りていない可能性がありますから、「頻繁に連絡を取る」「いまの状況を否定せずに受け入れる」「メールには即時にレスポンスを返す」など、特に意識をして関わります。

### 「自我の欲求」を高める方法

次に、「自我の欲求」を高める方法についてお話しします。

コーチは、実際にクライアントが取った行動が、目標達成やクライアントの成長にとって効果的だった場合には、クライアントの自我の欲求を満たすことで、その行動の促進と定着化を図ります。他者からの賞賛を求める自我の欲求を満たすには、まず「ほめる」ことが効果的な方法の代表です。ただし、誰にでもたくさんほめればいいというものではありません。むしろ、ほめ方によっては相手のやる気を奪ってしまうこともあります。では、クライアントの意欲を高めるために、コーチはどんなふうにほめているのでしょうか。その一例を紹介します。

## ほめるための3種類のメッセージ

みなさんは、誰かをほめるときにどんな言葉を使うことが多いでしょうか。「素晴らしい！」「えらいなあ」「助かったよ」など、ほめ言葉が次々に頭に浮かんだ方もいれば、いつも誰にでも同じほめ言葉を使っている人もいるでしょう。

私たちコーチは、クライアントが目標を達成したときはもちろん、セッションで宣言したことを実行したときや目標までのマイルストーンを達成したときに、クライアントに言葉を伝えますが、その伝え方として次の3つのスタンスをもっています。

① YOUメッセージ
② Iメッセージ
③ WEメッセージ

YOUメッセージとは、YOUのスタンス、つまり、「あなた（あなたの仕事）は○○だ」と相手に伝えることです。「仕事が速いですね」「完璧な資料ですね」「賢いですね」などがこの例です。

Iメッセージというのは、私のスタンスで、相手の行動や存在が自分へどんな影響を及ぼしたのかを伝えるメッセージです。「参考になりました」「もっと詳しく話を聞いてみたいです」など、自分が思っていること、感じていることを伝えます。

そして、WEメッセージというのは、私たちというスタンスで、自分たちにどんな影響が及んだのかについて言及するメッセージです。「あなたのひと言でこの会議が和やかになりました」「あなたがいるだけで、会社全体のエネルギーが高まるようです」など、より大きな影響力を相手に伝えるメッセージです。

この3つのメッセージは、どれがよい悪いはありませんが、前述の所属の欲求を満たすという意味でも、より他者への影響を確認できるIメッセージやWEメッセージのほうが相手の心に残るようです。もちろん、実際は、ストレートなYOUメッセージを好む方もいますので、コーチは、ク

ライアントをほめる際、どのスタンスをとれば、より伝わりやすく、次なる行動を生み出しやすいのかを見極めるように意識をしています。

## プロセスの中で、わずかでも成長を伝える

　すべてのクライアントが目標達成まで順調に前進できればいいのですが、残念ながらそんなことはありません。特に、長期にわたる目標の場合、なかなか達成感を味わえないために、意欲を維持することが困難となり、挫折してしまった経験をおもちの方も多いのではないでしょうか。私自身も、英会話スクール、スポーツジムなどに長期契約で入会したものの挫折してしまった経験がありますし、特にビジネスにおいては、外部要因もあいまって、当初立てた計画のとおりに進めることができなかったプロジェクト例を複数思い出すことができます。

　コーチは、たとえそのときに成果が出ていなかったとしても、現在までの成長を伝えます。「部下について知っていることが倍ぐらい増えましたね」「会議の時間が30分短縮されましたね」と、コーチングによって変化したことや、できるようになったことをクライアントに伝え、認識させるのです。

　目標に邁進していると、自分はこれまでに何ができるようになったのかを振り返る時間も余裕もないため、変化や成長実感がもてずに疲弊してしまっているビジネスパーソンが案外多いものです。「これができるようになった」という自己効力感は、自信につながり、次のレベルのできるようになりたいことへの意欲を高めます。

## 軌道修正の一例

　ここまで、クライアントを着実に目標に近づけるための重要なポイントである「意欲の維持向上」についてお話をしてきました。ここからは、もう１つのポイントである「軌道修正」について解説したいと思います。

　コーチングをしていると、自分の行動が目標に向けて正しいものなのか不安に感じているクライアントが多くいます。また、目標達成に向けてよ

かれと思ってしていることが、実は非効率だったというケースも多くあります。

私自身の例ですが、コーチ・エィへの転職直後、短時間で多くの業務やスキルを吸収する必要があったため、先輩コーチのKさんにコーチングを依頼しました。昔から何かを学ぶときにはノートにまとめて覚えていた私は、そのときも同様の方法をとっていましたが、非常に時間がかかるために業務スピードに影響が出てきていました。

そのような状況にあった私に、Kさんは「ノートにまとめることはどんな意味をもっているのか？」と問いかけました。確かに、まとめることで安心感を得ながらも、「短時間で効率的に学ぶ」という本来の目的とは違う効果のための行動をとっていたことに気がつきました。それをきっかけに、私はずっと続けてきた方法をやめ、重要なことのみを記録することにしました。非効率な行動を軌道修正してくれたKさんとのコーチングは、非常に印象的な体験です。

## コーチは「フィードバック」で気づかせる

自分一人で行動していると、目標までのプロセスの中で、自分が現在どの辺りにいるのか、どれほど成長したのか、何が足りないのかなどを確認せぬまま進めていきがちです。コーチは、クライアントとの対話の中で、これまでのプロセスや行動を検証し、今後着実に目標に近づいていくためには何が必要なのかを明らかにしていきます。これまでよりも有効な手段の発見と、その実践を繰り返し、軌道がズレていれば修正します。ではコーチは、具体的にどのように軌道修正を図っているのでしょうか。

その有効な手段の1つとしてコーチは、目標に向かって、いまクライアントがどのような状態にあるのかを気づかせるために、フィードバックをします。フィードバックの目的は、あくまでもクライアントの目標に向けてのズレの修正ですから、クライアントの目標達成、成長に関連するものでなければ意味がありません。

伝える内容がクライアントにとってネガティブなものであったとしても、あくまでも事実をそのまま伝えます。そうすることで、クライアント

は自分の現状を客観的に捉えることが可能となります。

「まだできていないのですか？　もっと早く出社したほうがいいのではないですか？」——これは、フィードバックではなく、アドバイスになってしまっています。フィードバックは、事実を伝えることであり、クライアントから見え聞こえることを客観的な事実として相手に伝える方法と、クライアントから感じたことを主観的な事実として伝える方法があります。

「当初の予定よりも２週間ほど遅れています」「今日は声のトーンがいつもと比べて低いですね」——これは、目標に照らしての客観的な事実を伝える例です。その事実を知ったときに、行動を変えるきっかけとなるようなフィードバックでなくては、クライアントには単なる批判になってしまいますから、いくら客観的とはいえ、体の特徴や漠然とした雰囲気を伝えるのは効果的とはいえません。

また、「期待していたので、残念です」「私があなたのチームメンバーだとしたらいまの発言を聞いたら悲しいです」——このように、コーチは感じたことを主観的な事実として伝えることもあります。フィードバックの目的である、目標に向けてのズレの修正という観点を外すことなく、コーチとして感じていることを伝え、クライアントが行動変化を起こすきっかけをつくります。

フィードバックは、タイミングが非常に重要です。そしてクライアントの行動に対して、できるだけ早い時点で伝えたほうが有効です。あとになって思い出したように伝えるフィードバックは、クライアントには受け入れづらいものです。また、クライアントがフィードバックを求めているときこそ最も効果がありますから、コーチはそのときを見逃さずに、適切なタイミングでクライアントに伝えます。

### さらに着実に近づけるための「リクエスト」

また、目標に向けてのプロセスにズレが生じているクライアントに対して、コーチは行動をリクエストします。行動がなかなか起きない、成長スピードが遅いクライアントに対しては、フィードバックとともに、具体的

な行動をリクエストします。セッションの終わりに次回セッションまでにやってほしいことを宿題として出したり、また、その結果についてメールで報告をしてもらったり、鈍った行動に対してリクエストという形で刺激を与えます。ただし、度が過ぎる強制は、クライアントとの信頼関係に影響を与えますから、クライアントとの関係、状況に応じてリクエストする必要があります。

情報が少なく、視野が狭くなってしまっているようなクライアントには、コーチは、情報提供という意味で提案をします。まったく新しい役割を担ったクライアントが、経験のない新規事業を任されたなど、これまでの経験のみでは対応できないとき、コーチは、クライアントの視点を増やすために提案をします。ただし、「最終的に行動を選択するのはあくまでもクライアントである」というスタンスに立ち、クライアントの行動の選択肢を増やす目的で提案します。

## クライアントのことをどれだけ知っているかが重要

ここまで、クライアントを着実に目標に近づけるために、クライアントの意欲を上げ、軌道修正を図っていく具体的な方法についてお話ししてきましたが、意欲を上げるための「アクノレッジメント」も、軌道修正を図る「フィードバック」「リクエスト」「提案」も、相手をよく知ること、つまり、観察なくしては成し得ません。相手をよく理解せぬまま実施されるアクノレッジメントは、的外れでうわべだけのおだて文句になりかねませんし、適切なタイミングでなされないフィードバックは、クライアントにとって逆効果になってしまう可能性があります。

相手は何に興味があるのか、日々何を思っているのか、どんな気がかりを抱えているのか、クライアントとのこまめな関わりの中で、よく観察をして、相手の特徴を理解する必要があります。そのためにも、コーチは継続的に関わる必要があるのです。

実際にクライアントと会話ができるのは月に2、3度という状況の中、私たちコーチは、セッション以外においても、クライアントに関する最新情報を入手する、クライアントのライバル企業の状況を把握する、クライ

アントの目標達成に有効と思われる情報を収集するなど、アンテナを高く張り巡らせるようにしています。

　五木寛之氏や村上龍氏を担当し、数々のベストセラーを産み出した幻冬舎専務の石原正康氏は、気難しい作家をほめる際、「人を動かすには、『鮮度』が重要。相手にとって鮮度の高い情報を用いて、自分の言葉で具体的に伝えるのが効果的」とコツを語っていますが、コーチも同様に、クライアントが興味をもつであろう情報に敏感になることで、クライアントを観察する視点を増やしています。

　以上のように、コーチはクライアントと継続的に関わることで、双方向の対話によって得た気づきを行動へ転換し、継続、定着化させる支援をしています。そして、クライアントと関わる際に、「クライアントは必ず目標達成できる、必ず成長する」と信じ、決して諦めないで関わり続けるということが、コーチとして大切なスタンスです。

# 3-4 個別対応

クライアント一人ひとりに合ったコーチングを行なう

　ここでは、最後の原則「個別対応」について解説します。個別対応とは、クライアントの特徴、思考、行動パターン、性格などに注目してコーチが柔軟にクライアント一人ひとりへの対応方法を変えながら、関わっていくことです。

### 個別対応を実行した小出義雄監督

　目標達成までのスピードを加速させるためには、クライアント一人ひとりに「個別対応」することが効果的です。なぜならば、行動を加速させるためのスイッチはクライアントごとに異なるからです。

　オリンピックメダリストを育成した名コーチである、マラソンの小出義雄監督は、選手の性格に合わせた個別対応の育成スタイルが有名です。幼いころから人より秀でた才能がないと思いこみ、常に劣等感と戦ってきた有森裕子さんには、「マラソンこそお前を表現するものであり、がんばれば皆が認めてくれるんだ」と励まして、こうすれば本番で走れるとコンディショニング重視の指導を行なったそうです。

　それに対して、走ることが人一倍大好きでありながら大レースで勝ったことがない高橋尚子さんには、コンプレックスを取り除くために、とにかくほめてほめて、その気にさせて、やる気も力も伸ばしていく方法を取りました。

　強みを活かし、弱みやコンプレックスをコミュニケーションで解消していく小出監督の育成方法は、クライアント一人ひとりの特徴にフォーカスして、目標達成をより早く実現できるようにサポートするコーチが実践している方法と非常によく似ています。

　そのためには、継続的な関わりと、双方向の対話の中で、クライアントの発言や行動をよく観察し、性格や考え方、価値観をよく把握したうえ

で、対応しなければなりません。個別対応を図るうえでも「クライアントをどれだけよく知っているか」が重要になってくるのです。

### 個別対応の難しさ

　証券会社に勤めるE氏は、毎回のセッションの最後に、自分が次のセッションまでに実践することを意気揚々と宣言するのですが、次回のセッションで実践した状況を聞いてみると、業務の煩雑さを言い訳に行動を起こさない、という状態が続いていました。

　E氏は、何でも物事をはじめるときには、詳細な計画を立ててから行動を起こすような、慎重に物事を進める性格です。そこで私は、「計画は計画どおりに行かないものだ」という前提で、できなかったときの言い訳となりそうなことをあらかじめ予測してもらい、それを盛り込んだ実践計画を作成したうえで、実践の場に送り出したところ、宣言どおり実践するようになりました。

　その後、E氏同様になかなか行動が起きないクライアントF氏をコーチングしたときに、F氏の特徴をよく理解せぬままにE氏と同じような戦略を取ってしまいました。すると、行動が起こるどころか、F氏は「リスクを考える時間がもったいない」「どうせ何が起こるかわからない」とその方法に対する否定的な見方をし、その戦略にぎこちなさを感じていることがわかりました。

　その後の関わりの中で、F氏は、計画を立てるのが非常に苦手で、細かい計画を見るだけでも窮屈さを感じる人だということを知り、F氏には、行動が起きたときにストレートにほめるようにしてみました。すると、F氏は非常に照れくさそうにしながらも喜んでいる様子で、ほめることが彼の行動を引き出すきっかけとなることがわかりました。

　このように、クライアントの個々の特性を理解したうえで関わらなければ、クライアントのためによかれと思ってしたことが、行動を阻害するような、逆効果となる可能性もあるのです。

### 個別対応はテクニックを使う前提になる

　コーチとして経験を積むと、当然ながらテクニックとしてのコーチングスキルが身についてきます。さらに、そのテクニックを使った成功体験が多ければ多いほど、次のクライアントにも適用させようとしてしまうことがあります。ところが、テクニックを駆使するだけでは、さまざまな個性をもつクライアントに対してのコーチングは成立しません。

　私自身も、コーチとして駆け出しのころ、複数のクライアントに対して、トレーニングで学んだばかりの質問をどんどん投げかけ、クライアントから「不自然だった」といわれた苦い経験があります。このような状況では、クライアントから気づきを引き出すことは到底難しく、不信感や不安を抱かれかねません。やはり、テクニックを使う前に、目の前のクライアントの特徴、状況をよく理解し、それに対応できていることが必要です。

　また、コーチの価値観や考え方をクライアントに押し付けてしまうのも考えものです。自分自身の価値観や考え方をいったん脇に置いて、いつも新鮮な気持ちでセッションに臨む姿勢こそ、個別対応するために重要なのです。

### テーラーメイド医療のようなコーチングを

　少し話が飛びますが、テーラーメイド医療（tailor-made medicine）、という言葉をご存知でしょうか。個別化医療（personalized medicine）、カスタムメイド医療（custom-made medicine）とも呼ばれ、個々人の個性にかなった医療方法として研究が進められ、実用化が期待されています。

　これまでの医療は疾患中心で、疾患原因の探索や、その治療法の開発が主な目的でしたが、疾患の状態は個々人で千差万別で、同じ病気であっても同じ治療法を適用することが必ずしも正しくないことは以前より知られてきました。一方で、個人差は治療とその効果を観察しなければわからないものであるため、一人ひとりに対して最適な治療計画を行なうことは難しかったのです。

ところが、遺伝子の個人差が観測できるようになったことで、個人により医薬品の効果や副作用が異なることがわかり、患者にとって最も効果があり、かつ、副作用が発現する可能性が最小となるように、薬の種類や投与量、投与方法を決定する方法の研究が進んでいます。

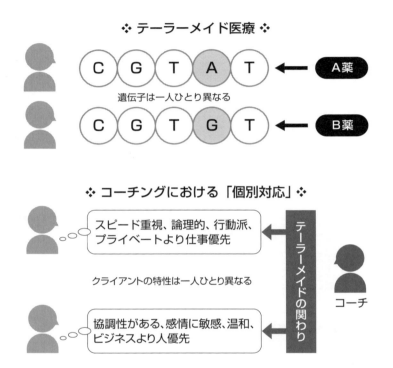

　コーチングにおける個別対応も、このテーラーメイド医療と非常に似た概念です。
　「私のクライアントは以前コーチした〇〇さんと同じタイプだから」「この発言の背景にはこんな価値観があるに違いない」など、経験を積んだコーチが、自分の経験に基づいたフレームワーク（枠）でクライアントを見てしまうことがあります。
　自分の経験のみに頼った基準でクライアントの特徴を判断するのは、非常に危険です。「仕事を進める際、慎重派か挑戦派か」「発言の傾向は客観

的か主観的か」など、コーチは、さまざまなものさしでクライアントの情報を集めます。このものさしが多ければ多いほど、いろいろな角度からクライアントの特徴を知ることができます。

「クライアントの、他の人にはない唯一無二の特徴とは何なのか」を探そうとする興味関心なくしては、クライアントの特徴を知ることはできませんし、本当の個別対応はできないのです。

遺伝子レベルの違いによるテーラーメイド医療のように、コーチもクライアント一人ひとりの違いに注目しながら、より早く目標が実現されるべく、クライアントに対して関わりをもっています。

## 「タイプ分け」が個別対応するための切り口になる

コーチは、クライアントの特徴を知るためにさまざまなフレームワークをもっています。そのフレームワークの1つの例として「タイプ分け」を紹介します。

タイプ分けとは、「人の特徴は他者とのコミュケーションのとり方の中で最も顕著に出る」という前提に立った分類法です。臨床心理士、組織行

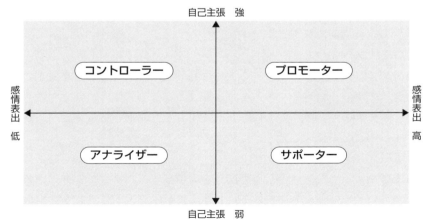

出典:『図解 コーチング流タイプ分けを知ってアプローチするとうまくいく』
（鈴木義幸／ディスカヴァー・トゥエンティワン）

動学などの専門家による調査・分析の結果、人を分類する際の指標として「自己主張の強さ」と「感情表出の大きさ」の2つの軸が抽出されました。

タイプ分けは、クライアントを4つに分類することが目的ではありません。クライアントの関心がどこにあり、どんなことに価値を置いているのかを知るための1つの切り口にすぎません。それをヒントにコミュニケーションを交わすことで、より早く、そしてより深く相手との関係を構築するための1つの手段です。

100人のクライアントがいたら、100通りのタイプが存在する、と考えるのがコーチングの大前提です。そのことを念頭に置きながら参考にしていただければと思います。

### ①コントローラータイプ

行動的で、自分が思ったとおりに物事を進めることを好みます。過程よりも結果や成果を重視します。リスクを恐れず、目標達成に邁進します。他人から指示されることを何よりも嫌います。

### ②アナライザータイプ

行動の前に多くの情報を集め、分析、計画を立てるタイプです。物事を客観的に捉えるのが得意。完全主義的なところがあり、ミスを嫌います。問題解決と分析の専門家。人との関わりは慎重で、感情をあまり外側に表しません。行動も慎重で、情報収集、状況分析、計画立案を好みます。ミスを嫌い、最後までやり遂げる粘り強さがあります。変化や混乱に弱く、安定、安全な人間関係を好みます。

### ③プロモータータイプ

自分のオリジナルなアイデアを大切にし、人と活気あることをするのを好むタイプです。自発的でエネルギッシュ、好奇心も強く、楽しさこそ人生と思っています。多くの人に好かれます。ただ、あきっぽいところがあり、1つのことを達成したり、持続するのが苦手です。

### ④サポータータイプ

人を援助することを好み、協力関係を大事にするタイプです。周囲の人の気持ちに敏感で気配りに長けています。一般的に人が好きです。自分自身の感情は抑えがちです。また、人から認めてもらいたいという欲求も強いのが特徴です。

4つのタイプの特徴を簡単に紹介しましたが、当然のことながら、人を厳格に4つに分類することはできません。「この人は○○タイプだから」「私は○○タイプだから」と決めつけて関わるのは簡単ですが、それでは、個別対応どころかマニュアル型のコミュニケーションになってしまいます。

　コーチがクライアントにタイプ分けを実施してもらった際は、「コントローラータイプの○○さん」ではなく、「○○さんはコントローラータイプの特徴をもっている」と捉えて、さらにクライアントを深く知るためのコミュニケーションを図っていきます。皆さんも、タイプ分けをコミュニケーションの参考にする場合は、この点に気をつけてください。

　実際、コーチはこのタイプ分けだけではなく、他のさまざまなフレームワークを利用し、クライアントへの興味関心を根底に置きながらクライアントの特徴を探っていきます。

　なお、タイプ分けについてさらに詳細がお知りになりたい方は、『図解 コーチング流タイプ分けを知ってアプローチするとうまくいく』（鈴木義幸著／ディスカヴァー・トゥエンティワン）をご覧ください。

　また、自分がどのタイプかを診断したい方は、スマートフォンアプリ（iPhone/Android対応）「タイプ分け」をご利用ください。ご自身や周囲の方のタイプ、その方に対してのコミュニケーションをとる際のヒントを知ることができます。

### コーチは、一度貼ったレッテルを貼り替え続ける

　コーチは、クライアントに対して「こういう特徴をもった人だ」と認識したものを、本当にそうだろうかと疑い続けます。つまり、自分が一度貼ったレッテルを、常に貼り替え続けるのです。「本当にこの人はこう思っているのだろうか」「前にいったことは本心なのだろうか」と、クライアントのさらに奥にあるものを探り続ける姿勢こそが、クライアントへの理解を深めることに他ならないのです。

　このように私たちコーチは、「個別対応」しながら「関わり続ける」ことで、クライアントの目標達成までの行動を加速させ、より早くクライア

ントを成長させるのです。

## コーチングの3原則は同時に実行されるもの

　ここまで説明した3原則は、どれか1つが満たされていればいいというものではありません。どんなクライアントに対しても、常に3つすべてを満たしている必要があります。

　「双方向」の対話を「継続的に」実行し、それを一人ひとりの特性に合わせて「個別対応」していく。

　次章以降で説明するスキルは、この3つのスタンスの上でこそ機能し、クライアントの目標達成の手助けとなります。これからコーチングを始めようとするとき、コーチングに慣れてきたとき、コーチングが機能していないのではと不安に感じるとき、この3つのスタンスが満たされているかをぜひ確認してみてください。

　そして、どれかが欠けているように思えたら、スキルアップよりも優先して満たすように心がけてみてください。それが、相手を目標達成に向けて飛躍的に成長させる第一歩となるでしょう。

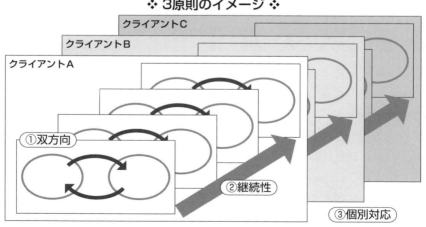

❖ 3原則のイメージ ❖

# 第4章
# コーチング・プロセス

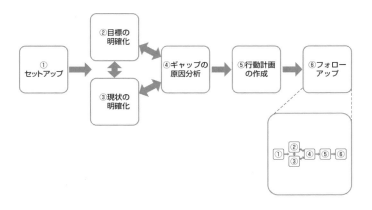

# コーチング・プロセスとは

コーチング・プロセスは目標達成までのコーチングの流れ

　第3章まで読み進めたことで、コーチングの全体像をつかむことができたと思います。第4章では、実際にコーチングをはじめるにあたって、1回1回のセッションでは何をテーマに会話がなされ、全体としてどのようなストーリーでコーチングが進行するのかについて解説します。

## 6つの基本ステップ

　最も基本的なコーチングのストーリーは「コーチング・プロセス」と呼ばれ（コーチング・フローと表記しているケースもあります）、6つのステップに分解されています。

❖ コーチング・プロセス ❖

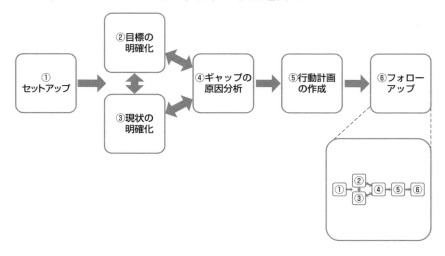

①セットアップ

　コーチングをはじめるための準備にあたるのが「セットアップ」です。コーチとクライアントとの信頼関係の構築にはじまり、コーチングの進め方に関する合意の形成などを行ないます。そして、クライアントが何をテーマにコーチングを受けたいと思っているのかをヒアリングし、コーチングをスタートさせる準備を整えます。通常、このセットアップはプレコーチングにおいて実施します。

②目標の明確化

　クライアントがコーチングの期間を通して達成したい目標を具体化するのが「目標の明確化」です。コーチングはここで明確化された目標を達成するために実施されるわけですから、このステップが終わらなければ本当の意味でコーチングがスタートしたとはいえません。序盤の最も重要なステップだと考えられるでしょう。

### ❖ 目標の明確化を行なう質問の例 ❖

- このコーチングであなたが達成したい目標は何ですか？
- 何のためにその目標を達成したいのですか？
- 目標を達成することで何を手に入れることができますか？
- 目標の達成度合いを計測する基準は何ですか？

③現状の明確化

　クライアントが設定した目標に対して、クライアントの現状について分析を行なうのが「現状の明確化」です。目標に対する現状が正確に把握できてはじめて、双方の間に存在するギャップに気づくことができます。このステップに失敗するということは、現在地がわからないまま地図を広げ、やみくもに目的地に向けて歩を進めることと同じです。

❖ 現状の明確化を行なう質問の例 ❖

- 目標が達成された状態を100点とすると現状の点数は何点ですか？
- 目標の達成に向けてこれまでに取り組んだこと、現在取り組んでいることは何ですか？
- 取り組んだ結果、これまでにどんな変化や進展がありましたか？
- 現在あなたが取り組んでいることに対して、あなたのステークホルダー（利害関係者）はどんな評価をしていますか？

④ギャップの原因分析

　設定した目標が達成できていない背景や理由について分析を行なうのが「ギャップの原因分析」です。目標が達成できていない原因さえわかってしまえば、おのずと何をするべきかがわかってきます。あとは原因を乗り越えるための行動計画を立て、それを実行すればよいのです。ステップ②、ステップ③、そしてこのステップ④の３つのステップをクライアントに繰り返し考えさせることでコーチングは進んでいきます。

❖ ギャップの原因分析を行なう質問の例 ❖

- 目標と現状の間にギャップが生じている原因は何だと思いますか？
- 目標を達成するためにあなたが変えなくてはいけない習慣は何ですか？
- 目標の達成を妨げているあなた自身の課題は何ですか？
- あなたのステークホルダーが認識している課題は何だと思いますか？

⑤行動計画の作成

　浮かび上がったギャップの原因を解消し、目標に向けて前進するための

アクション・プランを練るのが「行動計画の作成」です。ここで計画する行動の積み重ねが目標への着実な前進へとつながります。一足飛びに目標を達成するような行動、課題解決のための絶対的に正しい行動を計画しようとすると、かえってアイデアは浮かびにくいものです。コーチは「少しでも、一歩でも前進するためにできること」というスタンスでクライアントから行動のアイデアを数多く引き出します。

### ❖ 行動計画を作成する質問の例 ❖

- さっそく今日からはじめられる行動、やめられる行動は何ですか？
- その行動をいつ、どこで、誰に対して実行しますか？
- その行動をさらに効果的にするために工夫できることは何ですか？
- 次回のコーチングまでに達成することは何ですか？

⑥フォローアップ

ステップ⑤で作成した行動計画を実行に移すと、目標に向けて前進することもあれば、思うように行かずに後退や回り道を余儀なくされることも多々あります。目標達成までの道のりはそう平坦ではありません。そこで随時、行動計画の修正と改善を支援しながらクライアントが目標を達成するまでをサポートするのが「フォローアップ」です。

結局、フォローアップではコーチング・プロセスの①〜⑤のステップを繰り返し行なっています。以下はフォローアップで、つまり毎回のコーチング・セッションで繰り返される代表的な質問の流れです。

### ❖ フォローアップでの質問の例 ❖

- 目標達成に向けて、今日のコーチングでは何をテーマとして扱いたいですか？（セットアップ）
- 前回立てた行動計画を実行してみてどうでしたか？（現状の明確化）

- 次のセッションまでにどこまで前進したいですか？（望む未来の明確化）
- そのために解決しなくてはならない課題は何ですか？（ギャップの原因分析）
- その課題を乗り越えるために取るべき行動は何ですか？（行動計画の作成）

## 中でも重要な3つのステップ

　コーチング・プロセスの各ステップはどれも欠くことのできない重要なステップですが、その中でも繰り返し行なわれるのはステップ②、③、④です。

　これらのステップは便宜上、数字で順番を割り振っていますが、順番を守ることは重要ではありません。また各ステップとして、1回ずつしか話をしてはいけないというルールもありません。ステップ③の現状の明確化を行なったあと、ステップ②の目標の明確化を行ない、またステップ③で現状の明確化を行なってから、ステップ④でギャップの分析を行なう。こんなふうに、ステップ②からステップ④のすべてを妥協せずに何度も繰り返すことで、目標達成に向けて何をするべきかが見えてきます。

　以降の項では、ステップ②からステップ④までを効果的に進めるために、コーチが特に意識していることについて解説します。

# 4-2 「目標の明確化」のポイント

真に達成したいWant to型の目標を見つけ出す

## コーチングにおける目標の重要性

　第1章の「コーチングとは（中略）目標達成に必要なスキルや知識、考え方を備え、行動することを支援するプロセスである」という定義を思い出してください。これは目標がなければコーチングは機能しないということを示唆する重要な定義です。だからこそ、目標の設定の成否はコーチング全体の成否に大きな影響を与えます。

　目標設定の重要性は何もコーチングに限ったことではなく、目標管理制度（MBO：Management by Objectives）に則って部下をマネジメントする管理職の皆さんにとっても同じでしょう。人は自分の行動に意味を求める生き物です。目的地が決まっていなければ、現在の行動は「何のためにやっているのかわからない意味のない行動」となり、モチベーションの低下につながります。逆に、本当に自分が到達したい目的地がはっきりしている場合、その目的地に向かって少しでも前進する行動はすべて「意味のある行動」となり、モチベーションにプラスの影響を与えます。

　ですから、この項で書かれる内容は、プロのコーチではなく職場で部下育成にコーチングを活用しようと考えている管理職の方々にも、部下に効果的な目標を設定させるためのポイントとして読み進めていただけるはずです。

## 目標設定の難しさ

　目標がなければコーチングをスタートできないために、コーチの最初の仕事はクライアントと目指す目標を設定することになります。そこでコーチは、クライアントに自身の成長テーマや課題や目標を話してもらうことを試みるわけですが、第1章で論じたとおり、それらを最初から明瞭に語

る方はごく少数です。実は目標の設定は、重要であると同時に非常に困難なプロセスでもあるというのが実感です。

　私がコーチとして活動をはじめたころにコーチングをした某ITベンチャーでCIOを務めるAさんも、そうした難しさを感じた一人でした。

　プレコーチングで、「あなたにとっての成功とは何か？」「いま何を手に入れたいと思っているのか？」「いま改善したいと思っていることは何か？」など、相手の目標を引き出すために質問を投げかけました。彼は「45歳で引退して悠々自適の生活を送りたい」とか「たくさんの得意先がほしい」とか「職場内で影響力のあるリーダーシップを発揮したい」などいろいろなことを話しはじめました。

　15分ほど目標に関する会話をしたあと、最終的に「とにかく仕事のストレスが高いから、週末はもっとゆっくりしたいんですよ。いまは土日も仕事をしてしまってろくに家事もできないので、部屋が散らかって散らかって。たまにはゆっくり温泉旅行にでも行きたいですね」ということで、そのコーチングのテーマはタイムマネジメントになり、目標は「コーチング終了までに週末に行なう仕事をなくす。かつ現在手がけているプロジェクトの開発スケジュールは維持する」と決まりました。

　当時の私は、プレコーチングの20分ほどで効率よく目標が決まったので、残りのコーチング期間をすべて目標達成のための会話に費やせると意気揚々となっていました。しかしこれが失敗のはじまりでした。

　コーチング・セッションを開始してから数回たっても、Aさんの行動や発言にはほとんど変化が見られません。相変わらず週末は仕事に明け暮れ、セッションでは「すみません、先週末も仕事しちゃいました」と意に介していません。むしろ週末に仕事をしたことで開発が進んだことを少々楽しそうに話すAさんに違和感を抱いた私は、こう聞いてみました。「もしいま、週末に片付けようとしていたプロジェクトの開発が先方の都合でなくなったとしたら、今週末は何をして過ごしますか？」Aさんは少しの間考えたあと「別のプロジェクトの開発を進めてさらに完成度を上げるでしょうね」と答えました。

　その後、いくつかの質問をしながら丹念にAさんの内側で起こっている思考のプロセスをたどっていきました。すると、

- いまは自社（ベンチャー企業）を軌道に乗せるために、とにかくなるべく多くのプロジェクトを成功に導きたいと思っている
- 幸いやりたいプロジェクトや仕事は無数にある。いまはその無数にある仕事に、時間のある限り片っ端から手をつけている
- ただ、馬車馬のように働くいまの状況はストレスが非常に高いので、イライラしたりどうしようもない疲労感を感じたりしてパフォーマンスに悪い影響が出ることがある
- ストレスをマネジメントするためにも身体や精神を休めたほうがいいのだろうなとも思うが、一方で仕事が進めばストレスが解消されると思うとつい週末も仕事に手をつけてしまう

と考えていることがわかりました。そしてAさんは、「週末休みたいっていうのは、仕事が軌道に乗ってから実現したいことなんだと思います。いまは休むよりもとにかく仕事を成功させたいです」と、きっぱり宣言するではありませんか。

私は、そこでようやく目標設定に失敗したと気がつきました。クライアントは最初から自分が本当に求めているもの、達成したいと思っていることに気づいているわけではないというのは、新米コーチの私にとっての大きな学びでした。

それ以降、クライアントの「○○をテーマにしたい」「○○を目標にしたい」という発言を鵜呑みにすることはなくなりました。コーチはクライアント自身すらわかっていない、本当の「Want toの目標」を探し出す達人でなければなりません。

最終的にAさんのテーマは「ストレスマネジメント」になり、彼は結局以前にも増して仕事に邁進することになりました。

### 本当に達成したい目標は簡単にはわからない

ビジネスの世界で生きる私たちは、上司から命じられた目標をそのまま受け入れて設定したり、深く考えずにとりあえず手近な目標を設定して走りはじめたり、という行為に慣れきっています。そんなとき、会って間も

ないコーチから「目標は何ですか？」と聞かれれば、あまり深く考えずに目標を語ってしまっても無理はありません。

多くのクライアントが、周囲から「こうしたほうがよい」といわれていることや、何となく「できたらいいな」レベルの目標を「やりたい」と発言してしまいます。駆け出しレベルのコーチは、そこで出てきたテーマをすぐに具体化しようとし、目標を設定しようとします。ここに落とし穴が控えています。

管理職の皆さんが、部下の目標設定やキャリア開発を目的に面談を行なうときも同じなのではないでしょうか。私が前職（IT企業）で上司の目標設定面談を受けているときに、「お前は5年後、この会社で何をやっていたい？」と聞かれて頭が真っ白になった経験があります。そのとき答えに窮した私は、咄嗟に優等生的な回答をしたのですが、話している最中に自分自身の気持ちが完全にしらけた感じになってしまって「やっぱり違います。すみません」とすぐに取り下げたのをいまでもよく覚えています。

多くの人は普段から「自分は何者で、何を欲し、何を実現したいと思って生きているのか？」と考えているわけではないため、突然「何を手に入れたいか？」と質問を投げかけられると、多くの場合、次の2つに分類されるような目標を話します。

- 憧れの目標（Hope toの目標）
- しなければならない目標（Have toの目標）

一方で、コーチがクライアントに語ってほしい本当の目標は、以下の1つのみです。

- 真に達成したい目標（Want toの目標）

プロのコーチや部下の目標設定を行なう管理職は、目の前の相手がこれら3種類の目標のどれを話しているのかを見極める技術と、最終的には「真に達成したい目標」に落とし込む技術をもつ必要があります。以降では、いくつかの代表的な処方箋を紹介します。

## 憧れの目標（Hope toの目標）は熱しやすく冷めやすい

　憧れの目標（Hope toの目標）は、本気で思っているわけではなく、楽をして手に入ればいいな、とか、将来の夢として手に入れたいなと思っているような物事です。心の底から何をしてでも手に入れたいとは思っていなかったり、内心では実現しないだろうと思っていたりすることが特徴です。普段から好奇心旺盛な新しモノ好きで、ポジティブにいろいろなアイデアを考えるのが得意な方は、この憧れの目標を話してしまう傾向が強いと感じます。

　「新しい商品を企画して世に出したい」「自分の専門分野に関する本を書きたい」「業務で活かせるように英語を話せるようになりたい」「仕事が忙しいので毎日17時には退社してプライベートを充実させたい」……いままでもいろいろなテーマがクライアントの口から話されました。もちろんこれらのテーマを真剣に手に入れたいと望んで行動を起こしている方もたくさんいますが、多くの場合、憧れの目標は熱しやすく冷めやすいという特徴をもっています。

　コーチの側が、「いまクライアントが話したことは、本当にクライアントが達成したいと望んでいることだろうか？」と落ち着いてクライアントを観察することができれば、クライアントの話す目標が、本気なのか、思いつきなのか、あるいは軽い気持ちで話しているのかの違いは、感覚的にわかるものです。

　先にお話ししたITベンチャーCIOのAさんはまさに「憧れの目標」を「真に達成したい目標」であると早合点し、コーチングをスタートしてしまった失敗ケースです。

## 本気かどうかを確かめる方法

　「本気では思ってないな」と違和感をもった場合、その感覚を確かめるには、次のような質問によってチャンクダウン（☞146頁）を繰り返すことが非常に有効です。

　物事を深く考えるということは、脳にとってはとてもエネルギーを使う

作業です。したがって、質問によって具体化を繰り返し、相手の脳に負荷をかけることが、「やりたい」という想いがエネルギー不足で失速してしまうのか、逆に考えれば考えるほど「やりたい」という想いが強くなりエネルギーが充填されていくのかを見極める1つの手段となります。

### ❖ 本気かどうかを確かめる質問の例 ❖

- なぜその目標を達成したいと思っているのですか？
- その目標を達成することはあなたの人生とってどれくらい重要なことでしょうか？
- その目標について普段どれくらいの時間を割いて考えていますか？
- その目標を達成するためにどんな行動を取ってきましたか？
- その目標が達成できなかったとしたらどうしますか？
- その目標を達成したあとの次の目標として何を設定していますか？
- 本当に、本当に、本当にその目標を達成したいと思っていますか？

相手の「やりたい」という想いのエネルギーを測る方法として、時間を利用する方法もあります。読者の皆さんの中には、ウィンドウショッピング中にほしくなった商品を買おうかどうか悩んだとき、数日時間を置いてもまだ自分がほしいと思っているかどうか、を基準にして決めたことがある方も多いのではないでしょうか。

これと同じ意図で、クライアントには「次回のセッションまでに本当にそれが自分のやりたいことかどうかを自分に問い続けてきてください」とお願いすることがあります。

本当に達成したい目標であれば、次のセッションまでの間、目標に対する想いは強まり、目標について考える時間が増えるのが一般的です。次回のセッションでクライアントに対して「目標について考えてみていかがでしたか？」「どれくらいの時間、目標について考えましたか？」という質問を投げかければ、その回答がリトマス試験紙の役目を果たすでしょう。

## Have toの目標とWant toの目標の違い

クライアントから語られる「本当に達成したい」と思っていない目標の2つめは「しなければならない目標（Have toの目標）」です。「このプロジェクトを成功させなければ降格にすると上司に脅された」というような、達成しなければ発生するであろうマイナスの出来事を回避するために設定されるような目標です。

ここまで極端ではないにせよ、できることならやりたくない、しかし行動を起こさなければ自分にとってマイナスの出来事が発生する、だから仕方なくやる、という動機づけで発生する行動はすべてHave to型の行動です。たとえば母親に怒鳴られて仕方なく宿題をやる小学生は、この先も怒鳴られ続けるというマイナスを回避したくて嫌々ながら勉強しているため、Have to型の行動をしていることになります。毎朝「あぁ、また今日も仕事かぁ……」とため息をつきながら嫌々会社に出かける場合も、働かなければ職を失い衣食住を失うというマイナスを回避するためにしょうがなく仕事をするというHave to型の行動です。

一方、「真に達成したい目標（Want toの目標）」とは、「この目標を達成させて出世したい」というような、達成することで手に入るプラスの出来事を追求するために設定された目標です。たとえば母親に怒鳴られるまでもなく、来年控えた中学校受験で合格したい一心で勉強をやる小学生は、希望校合格というプラスの出来事を手に入れるために勉強をしているのでWant to型です。また、働かなければお金を稼げず衣食住を失ってしまうという前提はあるものの、「仕事をすることでお客様に喜んでいただけるし、がんばれば自分自身が達成感を得られるから」というプラスのことをイメージしながら仕事をする場合はWant to型の行動です。

要するに、組織から与えられた、あるいは上司から与えられた目標だから即座に「しなければならない目標」となるかというとそうではなく、心の内でその目標に向かうことでプラスを手に入れようとしているか、マイナスを避けようとしているのかによって、Want toの目標かHave toの目標なのかが決まります。

### Have toの目標をWant toの目標に引き寄せるには

　組織や上司から同じ目標を与えられたとしても、それをHave toの目標として捉えている人とWant toの目標として捉えている人とでは、最終的な到達点、つまり成果が変わってきます。Have to型で動く場合はどうしてもWant to型で動くよりもモチベーションが低くなり、またプラスを得ようと次から次へとできることを探すというよりは、マイナスを回避するための必要最低限のことしかやらなくなるため高い成果が見込めません。

　脳科学者の茂木健一郎氏によれば、脳の働きの本質は「自発性」であり、そもそも脳に何かを強制することはとても難しいそうです。「自分が選んでいる」という感覚があってはじめてドーパミンが分泌され、それが高い能力向上につながるといいます。「組織や上司が決めた目標」だからといって自分は本心ではその目標に同意してはいないが、サラリーマンだから従うしかない、というようなスタンスで話すクライアントの目標は、必ず再考の余地があります。

　コーチの側も「そう決められたものはしょうがないですね」と、クライアントの目標に対する意識がHave to型のままでコーチングをスタートす

❖ Want to 型の行動は、Have to 型の行動よりも生産性が高い ❖

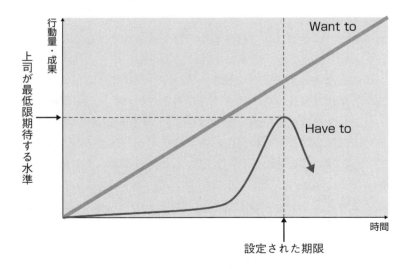

ると、失敗コーチングへ歩みを進めることになります。その後のセッションでは、その目標を達成するメリットを無理やりクライアントの口から語らせようとする、その目標を達成する意味を説得しようと試みる、なぜ目標に向けた行動を起こさないのか詰め寄る、といったおよそコーチング的ではないやりとりが待っています。これではクライアントの自発性を引き出し、成長を支援するどころではありません。

ビジネスの現場では、むしろ組織や上司の都合で部下の目標を決定することのほうが多いのかもしれません。私も社内で管理職という立場にいるため、部下に組織上やってもらわなければならない目標を与えることは多々あります。では、すべての部下がその与えられた目標を他人事と捉えて嫌々ながらに仕事をこなすのかというと、必ずしもそうではありません。組織から与えられた目標を、あたかも自分で選んだ目標のように、エネルギーに溢れた様子で、コミットメント高く取り組んでいる部下もいることでしょう。

両者の違いは何によって生まれるのでしょうか。それは、与えられた目標に対してどのような解釈の仕方をもっているのかの違いです。

### 何のために仕事をするのか？

設定された組織目標が自分のやりたいことと異なった瞬間に、その目標に対する意味を見出せなくなってしまう人はあまりに近視眼的な考え方をしているといわざるを得ません。コーチは「設定された組織目標は自分にとって達成する意味がない」というクライアントの固定化された解釈を、一度さまざまな角度から検証してもらい、「必ずしも意味がないわけではなく、何かしら自分にとっても意味がある」という解釈の可能性についてコーチングします。

たとえば、目先の組織目標よりもさらに先の地点に自分で設定したWant toの目標をもっている人は、組織目標を自分の目標を達成するための糧として捉えることができます。このような人は、目先の目標が将来の自分の目標に対してどのような意味をもっているのかを冷静に考えることができます。そこで、組織目標に同意できていないクライアントを前にし

たときにコーチが取るアプローチの1つは、組織目標についての対話はいったん脇に置いて「ではあなたの目標はいったい何か？　目的は何か？」を引き出すことです。目的とは、その人が人生や仕事を通してずっと目指し続けたいと思うゴール地点です。クライアントにとってのミッションと表現してもよいでしょう。目的と目標との違いは、目標は達成しては次の目標を目指す通過点であるのに対し、目的は常に目指し続けるものであり、達成して通過するものではないということです（☞26頁）。

## 目的の視点から目標を意味づけする

　とある企業の商品開発の部署に属しながら、新たに自ら商品を販売するというミッションが加わったA氏の事例をお話しします。

　組織目標は「半期で3千万円の売上を立てる」と設定されましたが、この目標にクライアントは「私の仕事ではない」と同意できていない状態でした。無論「決まったことはしょうがないのだから、愚痴をいわずにがんばりましょう」と励ますことも「営業を経験することは、この先の商品開発において必ず役に立ちますから」と諭すこともコーチのアプローチではありません。そこで「では、あなたの目指したい目標は何か？」と問いかけました。

　「私はとにかく市場によい商品を提供して世の中の役に立ちたいんです。そのためには営業なんてやっている場合ではないんです」——A氏の頭の中には、営業をすることは商品開発の妨げにしかならないという先入観があります。コーチとして、もう一度A氏の目標を丁寧にひもときながら、A氏が仕事をする目的にまで踏み込んでいきます。

　「今回の売上目標については、いったん脇に置いて話しましょう。そもそも、Aさんはよい商品を提供してどうしたいと思っていらっしゃるんでしょうか？」「だから世の中の役に立ちたいんです」「いつごろからそう考えるようになったんですか？」「もう随分と前だね。うちの製品を消費者として使ったことがきっかけだよ。すごくよい製品で、自分もこんな製品を世に送り出したいと思ったんです。こんなふうな製品だったらもっと消費者が喜ぶのに……なんてアイデアも豊富だったころですよ」

こうやって、丁寧に「あなたは人生を通して何を成し遂げたいのか？」を聞き続けました。A氏が十分に自分の内側にある熱い思いを吐き出すことができたなという頃合を見計らって、再度A氏に問いかけます。「今回の営業の目標に対してどのような姿勢で取り組むのかは、私は強制することはできません。Aさんの自由です。ただ、これは組織から与えられた目標ですから、やらないという選択肢は残されていないと思います。ならば、営業をやるということがAさんにとって本当に意味がないことなのか、嫌々ながらやり続けなくてはいけない仕事なのかどうか、もう一度冷静になって私と一緒に検証してみるというのはいかがでしょうか？」

その後、私の提案に同意したA氏と一緒に、営業をやることで得られること、失うことを思いつく限り棚卸ししていきました。その際に「Aさんのよい商品を生み出して世の中の役に立つという目的から見ると、営業をするということはどういう意味があるのか？　何につながるのか？」を問いかけました。

- 開発者という立場で営業に行くことで、いままで営業マンが収集できなかったより詳細なフィードバックを得ることができる
- お客様よりいただいたフィードバックに対して、その場で対応する／対応できない／回避策等の提示ができる。それはそのままお客様の安心と喜びにつながる
- 商品開発のアイデアをお客様に提示して、市場の反応をダイレクトに感じることができる。もしかすると、新しい商品や機能のアイデアをお客様と一緒にディスカッションできるかもしれない
- 自分が先陣を切って売上を立てれば、営業サイドに対する発言力を増すことができる

上記のように、A氏の中で目標を達成した先には何があるのかが鮮明になるにつれて、A氏の目標に対する意欲が高まっていくのがわかりました。最終的にA氏は「どのみちやらなきゃいけないんだったら、嫌々やるんじゃなく徹底的にやってみせますよ」と、自分の力でHave toの目標をWant toの目標に変えることに成功しました。

## Want toは探し続けなくてはいけない

　インターネット上で動画が公開され有名になった2005年のスタンフォード大学卒業式における演説で、Apple社のスティーブ・ジョブズは「人生ではレンガで殴られるようなことが起こることがあるが、それでも信念を失ってはいけない」と説きます。
　彼は20歳のとき、友人と2人で自宅のガレージにApple社を創業しました。その後の10年間でApple社を従業員4千人以上の20億ドル企業にまで成長させ、彼は一躍時の企業家としてシリコンバレーで名を馳せます。しかしMacintoshを製品化した1年後、彼は自分の起業したApple社から取締役会の反乱によって解雇されてしまいます。シリコンバレーから去ることも考えるくらいショックな出来事でした。その後、紆余曲折を経て、ジョブズは解雇から11年後にApple社に思いがけず復帰することになります。
　彼は演説で、Apple社を追い出されたことは自分の人生にとって最良のことだったと思い直したと振り返ります。自分のWant toを解雇という形で奪われ、人生のどん底を経験したとき、最後の最後に自分自身を奮い立たせたのは「自分の好きなことをもう一度やろうという意志」、つまり自分のWant toだったそうです。ジョブズはその演説をこう締めくくっています。

　自分の好きなことを見つけなければならない。
　本当に満足する唯一の方法は素晴らしいと信じる仕事をすることです。
　偉大な仕事をする唯一の方法はあなたの仕事を愛すること。
　まだ見つかっていないなら探し続けること、止まらないこと。

　コーチやマネージャーの重要な役割は、人間はどんな状況や場面であってもその中からWant toは探し出せると信じ、そして成長を望む相手のWant toが何であるかを継続的に聞き続けることではないでしょうか。
　実は、前述した私と上司の目標面談の会話には後日談があります。上司は面談のたびに「お前は5年後、この会社で何をやっていたい？」という質問を私に投げかけました。毎度その質問に答えられなかった私は、気が

つくと、通勤途中や入浴時などのボーっとできる時間に「自分はいったい何をやりたいんだろう？」と物思いにふけることが多くなりました。いま思えば、その悶々としながら考え続けた１年間が、自分自身の本当にやりたいことについて知るよいきっかけとなりました。私がいまこうして心からWant toの仕事だと断言できるコーチをやれているのも、そのとき考え抜いた時間があったからこそだといえるでしょう。

　人間の可能性は、内側に眠る「やりたい」という気持ちに気がついたときに拓かれると、コーチをしながら感じています。クライアントが真に達成したいと思っている目標を設定できたとき、クライアントのエネルギーが高まり自発性が発揮され、コーチングの成果が約束された経験を何度もしてきました。繰り返しになりますが、目標設定が成功すれば、そのコーチングは半分以上成功したといえるのです。

### 目標はいつまでに決めなくてはならないか

　ここまで読み進めてくると、目標の設定は大変なことだと皆さんもお気づきだと思います。なかなか「これだ！」という目標の設定ができないクライアントに対しては、このまま目標設定に時間を費やすのか、ある程度のところで切り上げて目標達成のために時間を費やすのか、のどちらを選ぶのかジレンマにさいなまれます。ある程度の目標設定でコーチングを進めていくうちに、クライアントが真の目標に気づくということも実際にはあるからです。

　コーチングを行なう際の背景やさまざまな制約条件にもよるので、一概にこれが正解というのは申し上げることはできないのですが、基本的には納得のできる目標設定に時間を投下したほうがよいというのが、いまのところ私の結論です。なぜなら、その人にとって「本当に本当に達成したくてたまらない目標」さえ設定できれば、コーチングが終了したあともクライアントは一人でモチベーション高く自走をしはじめるからです。マネジメントの現場で働く皆さんも、同じ時間を投下するなら評価面談ではなく、目標設定に時間を費やすべきです。そのほうが投資対効果は圧倒的に高いと断言できます。

## Want to目標の手がかりは過去にある

　部下の目標設定をサポートし、部下のキャリアビジョンを一緒に描いているマネージャーの皆さんは、「人はそんな簡単に自分のやりたいこと（Want to）を発見できない」と感じていらっしゃるでしょう。なぜ、目標設定はかくも難しいものなのでしょうか。

　目標とは未来について話すことです。人は元来、空白の未来について考えたり話したりするのが苦手です。一方で、人は何かを比較対象にしながら考えることは得意としています。そこで、空白の未来について考えるときは、過去の体験を比較対象にするという方法が有効な場合があります。

### ❖ 過去を手がかりとするための質問の例 ❖

- これまでどんな仕事をやってきましたか？
- 何の仕事をやっているときに楽しさや充実感を感じましたか？
- 仕事において譲ることのできないこだわりは何ですか？
- これまで何を大事にして生きてきましたか？
- 座右の銘や好きな言葉、大切にしてきた言葉は何ですか？
- 寝食を忘れて没頭してきた趣味などはありますか？

　現在は、過去の選択の積み重ねの末にたどり着いた地点です。相手が現在にたどり着くまでに行なってきた数々の選択の中には、その人が潜在的に抱いている願望や希望、価値観が必ず表れています。過去の選択を丹念に聞き出していく過程で、話す本人が自分の内側にある欲求に気づくことはよくあることです。

　管理職という職責で部下と接すると、とかく相手の知識やスキルなどの能力に目を向けがちで、面談の会話もそこに集中してしまう傾向があります。しかし未来に向けて部下のエネルギーを高め、能力を開花させようと考えたときには、知識やスキルとはまったく関係ないように見える部下の過去の体験にアクセスすることが極めて重要であったりするのです。過去の延長線上に現在があることに気づき、その少し先に自分が描いている未

来がわずかでも見えたとき、本当に達成したいWant to目標が決まるまではあと少しです。

## 業績目標だけではなく成長目標を設定する

　クライアントの意欲が非常に高いWant toの目標であっても、「営業売上１億円達成」等の業績目標だけを握ってコーチングを進めることもあまりお勧めしません。コーチングが進むにつれて「いま、進捗はいくらですか？」「３千万円です」「残りの期間で残りの７千万円を達成しようと思うとどんな行動を起こす必要がありますか？」「そうですね……」等々、コーチというよりはマネージャーと部下との間でなされる会話に終始してしまう可能性が高まります。

　コーチは目標達成のプロセスを通してクライアントの成長を促すことをゴールとしているにもかかわらず、コーチング終了時には「業績目標は達成されたけど、私自身はあまり成長できた実感がない」という事態が発生します。必ず業績目標と同時に、成長目標についても設定することをお勧めします。

　成長目標とは、業績目標を達成する可能性を高めるために、クライアント自身がどのように変化し、どのような成長を遂げる必要があるのかについても話し合って目標としておくことです。たとえば「営業成績１億円突破」という目標に対しては、「どんな苦境でもチームメンバーを諦めさせないリーダーシップ力の向上」等となります。私はよくクライアントに、「外側の目標は誰かから要求されているパフォーマンスのゴール、それに対して内側の目標はあなた自身が自分を成長させたいラーニングのゴール。両方について考え、設定しておきませんか？」と提案しています。

　時に、業績目標はクライアントの力だけではどうにもならないこともあります。するとクライアントにはコントロールできない事象にぶつかったときに、コーチングが行き詰まってしまいます。そんなときでも、成長目標はクライアント自身の問題で100％クライアントがコントロールすることができるため、最後の最後まで一歩先を目指してコーチングを続けることができます。そして最終的には、成長目標の達成が業績目標達成のため

の突破口になることが少なくありません。

### 他者の行動・変化・成長を目標に設定しない

　業績目標だけを設定してコーチングをスタートさせないのと同様に、他者の変化や成長を目標に設定することも推奨しません。部下育成を全体のテーマとしたクライアントが、「部下のF君が自分一人で新規の企画書を作成できるようになる」という目標を設定してコーチングをスタートしたとします。このケースも、F君がなかなか思うように行動を起こしてくれない場合に、「どうやってF君に行動をスタートさせようか」「どういう言い方をすればF君に気づいてもらえるのか」といったBehaviorのHow toに話が終始してしまい、クライアント自身の成長や変化にフォーカスが当たらなくなります。

　そもそも他者の感情や行動は、誰かが自由にコントロールできるものではありません。つまりそれは、「F君のやる気や行動力が低くて困る」というような他責な発言を誘発しやすい構造をもっている目標設定だといえます。「部下のF君が自分一人で新規の企画書を作成できるようになるために、自分自身のマネジメントスタイルの見直しとコーチングスキルの向上を目指す。具体的な達成基準は……」と、常に自分の行動・変化・成長にフォーカスした目標を設定することを意識してください。

### 目標は継続的にリマインドする

　さて、順調に目標設定が終わってコーチングが進行しだすと発生するのは、「そもそも目的や目標は何だったのか？」についての意識がクライアントの中で薄れてしまうという事態です。一度目標が設定されると、その先は具体的な行動レベルの話が増えるため、その行動に意識が集中するのはある種当たり前です。しかし、行動はゴール（目標）に向けてフォーカスされているべきですから、1か月に1回、あるいはセッション2回〜3回に1回は、「どんな目標を立てたか覚えていますか？」と唐突にクライアントに問いかけてみましょう。意外に忘れているケースが多いことに気

がつくでしょう。目標のリマインドは手段（行動）が目的化することを防いでくれます。

　これは、現場のマネージャーにも必ずやってほしいことの1つです。多くのマネージャーは、部下の目標設定シートを見るのは期初と期末だけなのではないでしょうか。おそらく部下も同じです。「どんな目標を設定したか覚えているか？」「それぞれの進捗の具合はどうだ？」「何か困っていることはないか？」「目標を達成するために残りの期間はどんなプランを立てているのか？」……そんな会話の頻度を増やすことで、部下の目標達成の確率を大幅に引き上げることができるはずです。

## クライアントのための「目標」についてコーチする

　効果的な目標設定のポイントを紹介してきましたが、最後にコーチが常に忘れずに念頭に置いておきたいことをお伝えします。それは「どのような目標がクライアントの可能性を拓き、前進を強く促すのかは百人百様である」ということです。

　「目標」と聞いたときに抱く印象を1つとっても、ワクワクする人もいれば、嫌だなと思う人もいるでしょう。到達不可能と思えるぐらい高い目標のほうが燃える人もいれば、実現可能性がある程度見込めるぐらいの目標のほうが頑張れる人もいます。目標を何らかの数値で設定すると次々と行動のアイデアが浮かぶ人もいれば、「部下を幸せにする上司になる」といった抽象的だが象徴的な目標ほど発想が膨らむ人もいるでしょう。

　そう考えると、効果的な目標を設定する肝は教科書に書いてあるようなものではなく、コーチとクライアントがコーチングというプロセスを経て一緒に見出していくものかもしれません。「あなたの人生で、最もあなたを前進させた目標は何ですか？」「あなたのパフォーマンスに悪影響を与えた目標として何を思い出しますか？」「目標を立てるという行為は、あなたにどういう影響を与えるのでしょうか？」「あなたの前進を促す目標の立て方としてあなたが重視したいことは？」など、さまざまな問いで「クライアントのための目標」についてコーチングをしてみてください。

## 4-3 「現状の明確化」のポイント

4つの視点を使い分ける

### ●思い込みで現状を明確化するとどうなるか

　達成したい目標が明確になったら、その目標に対して自分の現状はどのような状況であるのか、そして自分はどちらの方向に進んでいるのかを、できる限り正確に知る必要があります。なぜなら、目標地点に対する現在地が確認できてはじめて進むべき方向が定まり、目標に向けた前進をはじめられるようになるからです。しかし、クライアントの現状をクライアント自身の思い込みだけで明確化してしまうと、思わぬ落とし穴に嵌ることがあります。

　トップ営業としての実績を買われ、異例のスピードで営業マネージャーに昇格した某メーカーのＩさんは、自分のチームの営業数字を達成したいとコーチングを受けはじめました。

　彼の設定したテーマはリーダーシップの向上。Ｉさんは自分の現状をこう分析しました。「部下は皆、営業の経験が豊富だ。自分より年上のメンバーも数名いる。一方で、新任で若いマネージャーである自分はチームメンバーからの信頼はまだ獲得できていないだろう。だからいまは自分のつくりたい理想のチーム像を掲げても、メンバーの反発を招いてしまうはず。まずは信頼構築からはじめる必要がある」そして「リーダーとしての信頼をメンバーから獲得するために、そしてリーダーとしてメンバーの士気を上げるために、率先して自分が営業に行って数字をつくる」と行動計画を立てました。

　２か月後。２か月連続チーム内で一番という、有言実行な営業成績を出したＩさん。しかしながらＩさんは焦っていました。「リーダーとして一番の数字を上げているはずなのに、２か月前と比べると明らかにメンバーの自分に対する態度がよそよそしい。敵対的になったメンバーもいる。自分は誰よりもがんばっているのに、何でそうなるのか理解できない。も

う、どうすればいいのかさっぱりわからない」

　すっかり意気消沈し自信をなくしてしまったＩさんに代わって、私はメンバー数名にＩさんのリーダーシップについてのインタビューを行ないました。するとメンバーの意見は概ね次のような内容に集約されました。「Ｉさんが若いのに営業としてすごいのは彼がマネージャーになる前から十分にわかっていた。それをマネージャーになってまでアピールされてもメンバーとしては辟易してしまう。もしかすると彼は私たち部下の営業力を信用していないのかもしれない。もっと個々のメンバーを信頼し、意見を聞いて、チーム全体の士気が上がるようなチームのビジョンを描くのがリーダーとしての務めじゃないのか」

　Ｉさんは十分に自分と自分のチームの現状を検討したはずでした。しかし現実には、Ｉさんとメンバーたちの間では「どういう行動を信頼するのか」あるいは「マネージャーにどういうリーダーシップを期待するのか」についての考え方が完全に食い違っており、２か月もの間、まったく見当違いな方向に進み続けていたのです。

## なぜ、現状は思い込みで分析されてしまうのか？

　Ｉさんの事例は特別なケースなのでしょうか。「自分はこう思っている」という本人の主観と、「実際はこうだった」という客観的事実との間に齟齬が生まれることはさして珍しいことではありません。「自分は会社でリーダーシップを発揮できていると思っているが（主観）、同僚たちは自分のリーダーシップをまったく評価していなかった（客観的事実）」あるいは「自分は部下の話をよく聞く上司だと思っているが（主観）、部下にしてみればまったく話を聞いてくれない上司だと感じていた（客観的事実）」等々、読者の皆さんにも少なからずこういった経験があると思います。

　いったいなぜこういった齟齬が生まれてしまうのでしょうか。その理由は、人によってものの捉え方や考え方が異なるからです。たとえば前述のＩさんのケースでは、Ｉさんの信頼できる人の条件とは「先頭をきって自ら結果を出していく人」というものでした。一方、Ｉさんのチームメンバーたちにとっては、「謙虚で、部下を信頼し、部下の意見を積極的に吸い

上げる人」というのが信頼できる人の条件でした。

　現状の明確化をしていたときにⅠさんに必要だったのは、自分の取る行動が本当に部下の信頼を勝ち得ることにつながるのかどうか、いま一度立ち止まって自分を客観的に検証してみることでした。

　ただし、これは口でいうほど簡単にできることではありません。なぜなら、長い人生を通じてその人が「これが一番いい」と当然のように思っている考えに疑いを挟むのは、何かきっかけがない限り非常に困難だからです。

　以上の理由から、コーチは「人は自分の主観（考え方）だけで現状を分析しようとする生き物であり、それが原因で大きな食い違いが起きてしまうことがある。その結果、本来到達したい目標とはまったく違った方向に進みはじめてしまうことがある」と肝に銘じておかなければなりません。

　そこでコーチは、現状の明確化のステップにおいてクライアントが自分の置かれた現状を主観に囚われず、客観的に検証することができるよう、客観的事実を集められるような仕組みを提供したり、クライアントが客観的に自分を見つめられるようなフィードバックと質問を提供したりします。具体的には主に以下の4つの視点をクライアントに提供します。

❖ **クライアントに自分を客観視してもらうために提供する視点** ❖

①映像や音声に記録されたクライアント
②ステークホルダー（クライアントの利害関係者）から見たクライアント
③コーチから見たクライアント
④クライアント自身が客観的に振り返るクライアント

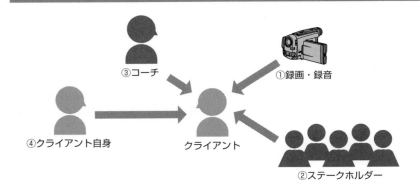

**映像や音声を活用して自己を客観視させる**

　自己を客観視させる方法として最も直接的で効果が高いのは、自分自身を撮影・録音した情報をそのまま見聞きしてもらうことです。

　コーチング・セッション中の会話、会議の様子、オフィスの自席での自分と部下の会話、面談の様子等々、了解が得られればコーチが録音や撮影に行くこともありますし、クライアント自身に定点カメラ等で撮影してもらうこともあります。

　そして記録した映像や音声を、コーチング・セッション中にコーチとクライアントで一緒に視聴します。百聞は一見にしかずとはよくいったもので、この手法は非常にインパクトが強く、たいていのクライアントは大いにショックを受けます。過去には「こいつが上司だったら俺、モチベーション上がんないわ」「何だか終始上から目線で聞いていて苛立ちを覚える」と自分自身を評した方もいました。

　このように、課題や汚点、不都合なことなど思いどおりに行かない現実に真正面から向き合うことを「コンフロント（直面）する」と表現します。コンフロントした状態は、無意識にもっていた自分のセルフイメージ（こうありたいという理想の自分自身）とリアルセルフ（実際の自分自身）の間にギャップを強く認識している状態のため、非常に居心地の悪い嫌な気分にさいなまれます。人が周囲からのフィードバックを恐れたり、そう簡単には聞き入れようとしなかったりするのは、コンフロントを起こして嫌な気分になるのを避けたいからでしょう。

　コンフロントを起こしている瞬間は、無意識のうちに抱いていたセルフイメージを言語化する大きなチャンスです。以下のような質問を投げかけてクライアントが無意識のうちに思っていたこと、考えていたことを客観的に検証することを促します。

❖ **コンフロント時に投げかける質問の例** ❖

- 自分自身のどんな態度、言動、行動が、あなたにそういう印象を与えるのでしょうか？

- あなたはどうしてそのような態度、言動、行動を取ってしまうのでしょうか？
- あなたが自分の理想とする態度、言動、行動とはどんなものでしょうか？

## ステークホルダーからのフィードバックで自己を客観視させる

　2つめの手法は、クライアントのステークホルダー（クライアントの利害関係者）から見たクライアントの情報を、対面インタビューや360度（あるいは180度）フィードバック・アンケートによって収集し、クライアントに提供します。以下は、クライアントに提供した360度フィードバック・アンケートの結果レポートの見本です。

### ❖ 360度フィードバック・アンケートの結果レポート ❖

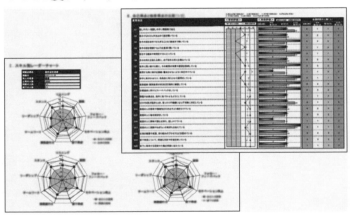

　こういった定型のフィードバック・アンケートの利点は、クライアントの自己評価と他者評価のギャップが明確に数値として現れる点です。双方のギャップが明確であるほうが、クライアント自身の解釈で評価する自分と、周囲の方の解釈が評価するクライアントになぜギャップが生じたのか

を客観的に検証しやすくなります。そのため、結果レポートを返却する前に、必ずクライアントから自己評価を引き出すようにします。

　このとき、多くのクライアントに、他者評価（他者認識）と突き合わせたときに「自分は自惚れていた」という事態に陥るのを避けようとする心理が働きます。つまり、自己評価を低めにつけてしまうのです。

　低めにつけた自己評価と他者評価の比較ではギャップの認識が生まれないため、必ずクライアントが自己評価を述べたあとは「どれくらい正直に評価できたか。低めにつけてしまわなかったか」を確認し、必要であれば自己評価の訂正をお願いするようにします。

### クライアントを現実の自分と直面させる

　ステークホルダーからのフィードバックをクライアントに伝達したあとにも注意すべきことがあります。それは、他者からのフィードバックを受けたクライアントが、リアルセルフ（現実の自分）とコンフロントすることから逃げないようサポートすることです。そのためには、まずクライアントの内側に生じた感情を吐き出させることを優先します。そして質問によってクライアントが自己を客観視するのをサポートします。具体的には以下のような流れで質問を投げかけていきます。

❖ **クライアントが自己を客観視するのを助ける質問の例** ❖

- フィードバックを受けてどう感じましたか？
- 特に気になったことは何ですか？
- なぜそれが気になったのだと思いますか？
- 自己評価と他者評価のギャップが大きかったフィードバック、小さかったフィードバックは何ですか？
- そのギャップの大きい、小さいは何が原因で生じたと思いますか
- 今後はどうしていきたいと思っていますか？

クライアントに「どう感じたのか」と問いかければ、「やってられないよ」「こっちの気も知らないで勝手なことばかりいって頭にくる」等のネガティブな感情が噴出することがあります。これはフィードバックに対して起こる人間の自然な防衛本能であり、理性よりも感情が勝っている状態です。

　クライアントの防衛本能を鎮め、感情的な状態から理性的な状態にスイッチさせるには、クライアントの内側で渦巻いている感情をいったん全部吐き出してもらう必要があるでしょう。そのためにもコーチは、クライアントの発言をまずは最後まで聞くことに徹するわけです。

　最終的にコンフロントによる居心地の悪さを解消するには、①自分が変わるのか、②ステークホルダーのフィードバックを軽く扱うのか、のどちらかしかありません。コンフロントした際の感情的な状態のままクライアントを放っておけば、その場で居心地の悪さを解消するために「ステークホルダーがこういうふうに思っていたことぐらい自分は最初からわかっていたさ。だから何だっていうんだ」「ステークホルダーがいうことを全部真に受けていたら収拾がつかない。参考までにしておけばいいさ」と、②を選択してしまう可能性が高まります。

　クライアントの内側で生じているネガティブな感情を理解し寄り添いながら、少しずつ意識を今後の自己改革に向かわせる——こうしたコーチとのやりとりを通じて、クライアントは徐々に自己を客観視し、自己と正面から向き合う術を学んでいくことになります。

　なお、ここで解説したことは、現場のマネージャーが部下の半期の評価を伝達する面談でも使えるエッセンスです。面談でいきなり評価を伝達するのではなく、まず部下に半期の評価を予想させ、その理由（加点部分、減点部分）を先に聞き出すことで部下が自分自身をどう客観視しているのかを把握することができます。

　また、部下の自己評価と上司の評価にギャップがあった場合は、そのギャップが生まれた原因を部下と一緒に考えることで、双方の間にある考え方の違いをお互いに認識することができますし、さらにはお互いの間にあるギャップをコミュニケーションによって解消することも可能です。

## コーチのフィードバックによって自己を客観視させる

　自己を客観視させる方法の３つめは、コーチから見たクライアントについてフィードバックすることです。フィードバックのポイントについては第３章３項においてすでに解説しているため、ここでは割愛します（☞93頁）。

　この方法が先に説明したビデオ撮影やステークホルダーからの情報によって客観視させるのと決定的に違うのは、コーチング・セッションがはじまれば、コーチはいつでもどんなときでもフィードバックを実施できるという点です。撮影やステークホルダーからの情報収集がいつでもできるとは限りませんから、必要なときにクライアントが自己を客観視できるように、コーチはフィードバックを戦略的に使える必要があります。

## クライアント自身に自己を客観視させる

　クライアントが自己を客観視するための手法の最後は、コーチがクライアントに質問をすることです。実はこの手法は、これまでも解説の中で何度も出てきています。映像や音声の記録によってコンフロントを起こしたクライアントに対してセルフイメージを言語化させるのを手助けする一連の質問や、ステークホルダーからのフィードバックを受けてコンフロントを起こしたクライアントに対して投げかける一連の質問がそうです。

　質問によって自分が無意識で考えていたことや、自分がコンフロントした瞬間に生じた感情を言語化すると、その過程で「自分はこんなことを考える人間なんだ」「自分はこういうことで感情的になりやすい人間なんだ」と自己認識が高まり、自分を客観視できるようになっていきます。

　なお、自己を客観視させるための質問はさまざまですが、煎じ詰めれば次の３種類に分類されます。

### ❖ 自己を客観視させるための３種の質問 ❖

・何を感じたか？　何を感じているか？（自分の感情を客観視させる）

- なぜそう思ったか？（自分の思考のプロセスを客観視させる）
- どうしたいと思っているか？（自分の欲求を客観視させる）

　凝った質問を考える必要などはなく、コーチがクライアントに興味をもってこのシンプルな３種類の質問を繰り返し投げかけ続けることで、クライアントが自分自身というものに興味関心を抱きはじめます。そうなれば、あとはクライアントが自分自身で自己を客観視するようなセルフ・コーチングをはじめるでしょう。

# 「ギャップの原因分析」のポイント

クライアントを「自責」の状態に導く

## 「他責」という落とし穴

　さて、ここまで解説してきたコーチングのプロセスによって、クライアントの目標と現状が明確化されました。次はギャップの原因を分析するプロセスに入るわけですが、ここにコーチング最大の落とし穴が待ち受けています。それは、クライアントが「他責」の状態に陥ってしまうことです。

　たとえば、自分の率いる営業チームの売上が低迷し、目標達成率がここ数か月は毎月50％以下に落ち込んでしまっているマネージャーのM氏のケースを考えます。このM氏にギャップの原因を分析してもらおうと、「営業成績がここ数か月の間、未達が続いている原因は何だと思いますか？」と問いかけたとき、「部下がやる気を出さないから」「世界的不況のせいだからしょうがない」「商材の魅力が乏しくてお客様にアピールできない」「上司のフォローが足りない」などの答えが返ってきました。このように責任の所在を自分ではなく他人や環境に求めてしまう状態のことを「他責」と表現します。

　クライアントが他責の状態で発言を繰り返している限り、コーチはコーチング・プロセスを「⑤行動計画の作成」（☞108頁）まで進めてはいけません。なぜなら、責任の所在が他人や環境にあるとクライアントが考えている限り、行動を起こさなくてはいけないのはクライアント以外の誰かであるため、非のないクライアントは行動を起こしたり変えたりする必要性が（クライアントにとって）まったくないからです。つまり、コーチが「行動計画の作成」までプロセスを進めたとしても、他責の状態のクライアントからはいつまでたっても行動計画を引き出すことはできません。

　以下に、他責の罠に落ちてしまった人の典型的な発言例を列挙します。

❖ 「他責」の人の発言例 ❖

- 部下が動いてくれないから
- 部下が余計なことをするから
- 上司が決めてくれないから
- 上司がそう決めたから
- やり方を教わっていないから
- どうせいっても聞かないだろうから
- こういうやり方でやれといわれたから
- ルールがないから
- そういうルールになっているから
- 私の仕事ではないから
- 私には他にもやる仕事があるから

## すべての責任を自分に引き寄せて考える「自責」

　一方で、現在抱えている問題や課題の責任の所在は他人や環境にあるのではなく、すべて自分にあると考えている状態を「自責」と表現します。たとえば、先ほどの営業マネージャーのM氏が、売れない原因を自分の責任として引き寄せていたならば、ギャップの原因分析は次のような返答になっていたでしょう。「自分のマネージャーとしての働きかけが少ないせいで、部下のモチベーションを下げてしまっているから」「不況に強い業界の顧客へのアプローチが足りないから」「自分に商材の魅力をアピールするプレゼン能力が不足しているから」「上司のフォローが期待できるような信頼関係を自分からつくっていなかったから」

　このように、クライアントが目の前の課題を自責で捉えることができれば、課題を乗り越えるための行動計画はすべて自分でつくり出していくことが可能になります。描いた行動計画を実行に移せば、自分自身の力で目標と現状の間にあるギャップを埋めることができ、その分だけ成果が手に入ってくるようになります。

　自責と他責についてコーチが扱うとき、間違えてはいけないポイントは「クライアントの抱える課題の責任の所在が実際には誰にあるのかは、取り立てて重要ではない」という点です。たとえ実際のところは99％相手の

責任であったとしても、その課題に自分自身が働きかけると決めたなら「100％自分の責任だとしたら何が原因だろうか？」とあえて自責の状態になることを選び取ることが重要なのです。

## クライアントに「自責」の状態を選ばせる方法

　自責の状態を選ぶクライアントは、当然ながら成果を手にするチャンスが拡大しますし、自己成長の機会も手にします。ですから、ギャップの原因分析を行なっている最中、コーチはクライアントが他責か自責のどちらの状態にいるのかを常にアンテナを立てて観察し、他責の状態であれば自責の状態を選べるように促します。

　クライアントに自責の状態を選ばせるためにコーチが取る戦略は、フィードバックと質問、そしてその前提となる共感です。以下にフィードバックや質問の例を列挙します。

### ❖ クライアントを「自責」の状態に導く質問の例 ❖

- いまの発言は他責に感じます。あなたはどう思いますか？
- あなたは先ほどから予定どおり進んでいない理由を「〇〇が……」と自分以外の誰かを主語にして説明しています。「私が」と、自分を主語にして説明し直していただけますか？
- いまの発言は、自分のチームに起こった出来事なのに、まるで傍観者が話したような口調でした。あなたは当事者の一人ではないのですか？
- ここまでのあなたの話はすべて「僕は悪くない。僕は正しい」と大声で私に主張しているように聞こえてきました。あなたが私に一番伝えたいことは何でしょうか？
- もし仮に、この事態を引き起こしている原因の一部があなたにあるのだとしたら、それは何ですか？
- あなたはいま、「自分が正しい」「自分は被害者だ」と証明することと、目標を達成することのどちらを優先していますか？

- もしこのまま誰も動いてくれない、誰も解決してくれない状態が続くとしても、あなたはこのまま何もせずに指をくわえて見ているのでしょうか？
- あなたはいま、自責ですか？　他責ですか？
- いまの状況でも、あなたにできることがあるとしたらそれは何ですか？

　上記に挙げたフィードバックや質問を、ただやみくもにクライアントに投げかけさえすれば、相手が自責の状態を選んでくれるわけではありません。クライアントも頭では自責で考えたほうがよいとわかっていたとしても、時には他責な発言に対して共感を示してほしいと思っていることがあります。そんなクライアントの気持ちを受け止めないコーチが一方通行なフィードバックや質問をしても、クライアントに防衛本能が働いて素直に自責の状態になることは難しいでしょう。そのためにも、クライアントが「自分はコーチに理解されている」と感じられるまで徹底的に話を聞き、共感することが必要です。クライアントに自責な状態を選んでもらうのは、そのあとでも遅くはありません。急がば回れを実践してください。

　この章では、コーチングの期間を通して、コーチがコーチング・プロセスを活用する際に特に意識しているポイントを中心に解説しました。このプロセスは非常にシンプルですが、人の思考を整理・促進し、行動にまでつなげることができる強力なフレームワークです。コーチは、このプロセスをコーチング全体の期間だけでなく1回ごとのセッションでも意識しています。職場において10分ほどの時間で部下をショートコーチングする場面や、会議でのファシリテーションなどにも応用可能なフレームワークですので、日常のさまざまな場面で活用を試みてください。

# 第5章
# コーチングのスキルと実践例

## 5-1 コーチングの代表的なスキル

多用される7つのコミュニケーション技術を整理する

　本章では、クライアントの目標達成支援に向けた「対話の構築」に焦点を当てます。

　前章までで解説してきたコーチングの考え方をふまえて、コーチはどのようにクライアントの目標達成を支援していくのでしょうか。本章では、コミュニケーションの技術を駆使した対話の過程を、コーチングの一連のストーリーを通して紹介します。

　まず、2つの事例ストーリーでも多用される、代表的な7つの技術について簡単に解説します。コーチは、これらを戦略的かつ自然な形で会話の中にちりばめ、クライアントの目標達成をサポートしていきます。

❖ 代表的な7つのコーチング・スキル ❖

### 「聞く(傾聴)」スキル

　近年、「聞く能力」をテーマにしたビジネス書が多く出版されています。しかし、多くの方は、「聞く能力」は誰にでも備わっているものであり、あらためて習得するようなものではない、と思われているのではないでし

ょうか。第2章で紹介したとおり、コーチに求められる「聞く能力」とは単に鼓膜を振動させるレベルのものではなく、クライアントが何をいわんとしているのか、あるいは、その発する言葉の言外にある本質は何なのか、を聞き分け、正しく理解することが求められます。

これらを実現するために、コーチは次のようなポイントを意識しながらクライアントの声に耳を傾けています。

### ❖ 聞くためのポイント ❖

①「聞く」ことに集中する
　自分が話すことよりも、相手に話をさせる環境をつくることに集中します。コーチが会話を独占することはありません。

②相手の話の先読みや、結論の先取りをせず、最後まで聞く
　途中で口を挟まない。また、自分の先入観で話を聞かないことが大切です。

③相手のノンバーバル（非言語）な情報を受け取る
　コミュニケーションは言葉だけで成り立っているわけではありません。相手の表情やしぐさ、声のトーンなどが言葉以上のものを語ることがあります。

④「聞いている」というサインを送る
　タイミングのよい相づちやうなずき、また、表情や目線で相手を安心させることで、より多くの情報を共有することができます。

⑤沈黙を共有する
　会話は、言葉と沈黙によって構成されます。相手が沈黙している時間は、新しいアイデアや正直な気持ちに向き合うために必要な「間」として捉える視点が必要です。

## 「ペーシング」のスキル

何の制約もなく、自分の思いや考えを自然に話せる人はどれだけいるでしょうか。自分のことを話すという行為は、それほど簡単なことではありません。しかし、対話を通してクライアントの成長をサポートするコーチングでは、クライアントに「どれだけ話をしてもらえるか」が成果を大きく左右します。

クライアントが緊張感をもたず、「この人には、何でも話すことができる」と思ってもらえるような信頼構築に欠かせない基本要素が、「ペーシング」です。

　英語の「pacing（歩調合せ）」を語源とするこのスキルの基本的な意味は、信頼感や安心感を醸成させるために相手に波長を合わせる、同調する、といったことです。また、「クライントの話を否定せず、最後まで聞き、受け止める」という姿勢も含まれます。

### ❖ ペーシングの基本 ❖

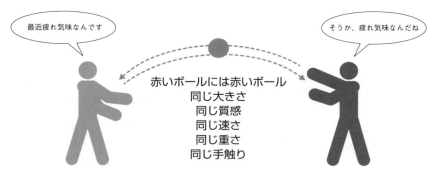

まったく同じ赤いボールを、クライアントが受け取りやすい放物線で返す

### ❖ 言葉によるペーシング ❖

会話のスピードや内容 ／ 共通の話題 ／ 相手が使う言葉の繰り返し ／ 言葉づかいを合わせる ／ 相づち（ex. なるほど、うんうん） ／ 接続詞（ex.それで、もう少し聞かせて）

### ❖ 非言語によるペーシング ❖

声のトーン ／ 顔の表情 ／ 姿勢 ／ 視線・アイコンタクト

## 「質問」のスキル

コーチングの「質問」に求められるのは、コーチが知りたい情報を手に入れることではなく、「相手の視点を広げ、オートクライン（☞76頁）を起こさせること」です。したがって、「相手に何をさせたいのか」「そこでどんな展開をさせたいのか」「どんな情報を手に入れたいのか」といった、質問の意図や目的を明確にすることが重要です。コーチには、相手が置かれている状況を的確に判断し、どのようなタイミングや目的での質問が最も効果的であるかを判断する能力も求められています。

質問の目的には、主に次のようなものがあります。

❖ 質問の目的の例 ❖

> 問題点をはっきりさせる ／ 考えを整理する ／ 物事を具体的にする ／ 視点を変える ／ 他の選択肢を出させる ／ 目的を設定する ／ アイデアを出させる ／ モチベーションを上げる ／ 価値観を知る ／ 気づき、発見を促す

### ①質問の種類

質問には、大きく分けて「クローズド・クエスチョン」と「オープン・クエスチョン」の2種類があります。

|  | クローズド・クエスチョン | オープン・クエスチョン |
|---|---|---|
| 目的 | ・Yes／Noで回答可能な質問<br>・事実や内容の確認を取る<br>・コミットメントを高める<br>・気持ちを引き締める | ・5W1Hの疑問詞を使った質問<br>・広く情報を収集する<br>・具体化する<br>・相手に考えさせる |
| 特徴 | ・回答しやすい<br>・スピード感がある<br>・YesかNoなので、質問の中にすでに答えが提示されている | ・相手の自由な発想や意見を聞く際に有効<br>・相手が自分で答えを見つけることを期待する質問であるため、自発性を引き出す効果がある |

### ②限定質問と拡大質問

オープン・クエスチョンには、「いつ」「どこ」「誰」など、物事を特定

していく「限定質問」と、「なぜ」「どうやって」を使う「拡大質問」があります。前者は、行動プランをより明確にしたり、目標を具体的に設定する際に有効で、後者は考えを広げ、深める場合に効果的です。

③チャンクダウンとスライドアウト

　話題の抽象度合いを「チャンク（塊）」という言葉でいい表すことがあります。抽象度合いが高いほうから「ビッグチャンク」「ミドルチャンク」「スモールチャンク」と分け、チャンクを上げ下げすることで、コーチは情報の度合いをコントロールしていきます。

チャンクダウン：受けた答えの内容に関して、さらに細かい質問をすることで情報を掘り下げていくことを「チャンクダウン」といいます。話が具体的になればなるほど、クライアントは行動を起こしやすくなります。

スライドアウト：受けた答えから、さらに新しい発想が生まれるのを促すときに使います。アイデアのバリエーションを増やしたり、原因をリストアップする際に有効です。

❖ チャンクダウンとスライドアウト ❖

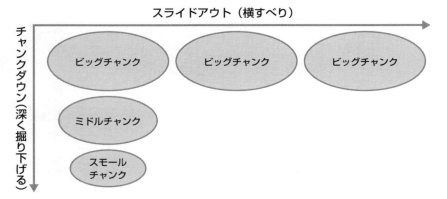

## 「承認（アクノレッジメント）」のスキル

「相手のことを認める」という意の「承認」は、クライアントの自己成長に対する認知を促進する技術として、コーチングの中で重要な柱になります。

人は、自分の行動から自身の成長や変化を実感していきます。そのため、クライアントに現れる日々の違いや変化、成長、成果をコーチがいち早く気づき、伝えることで、クライアントには達成感とともに次に起こす行動を促進するエネルギーが備わります。コーチは特に、次の3つの視点からクライアントを「承認」します。

①**存在承認：相手の存在に気づいていることを伝える**

あいさつや、相手の状態を具体的事実として伝えます。

②**成長承認：成長点を的確に伝える**

相手の変化や成長に関わる事実を伝えます。

③**成果承認：成果を伝える**

成果を伝える「成果承認」は、「ほめる」ことともいえます。さらに、クライアント自身が成功体験を言語化することでもモチベーションが上がるため、それを聞き出すこと自体が承認になる、ともいえます。

## 「フィードバック」のスキル

目指す目標や成長に対して、クライアントがどのような状態にあるかを第三者の視点で伝えることを「フィードバック」といいます。第三者からの視点を通して自分を知ることは、的確な現状把握と、行動変容を起こすうえでも大きな原動力となります。

### ❖ 2つの視点によるフィードバック ❖

①**クライアントの状態を客観的事実として伝えるフィードバック**
　ex.「すごく無理をしているように見えます」

②**クライアントの言動からコーチが感じる主観的事実を伝えるフィードバック**
　ex.「現状に不満をもっているように感じられます」

フィードバックは以上の2つの視点から行なわれます。

フィードバックをする際の留意点は次のとおりです。

①**クライアント自身が第三者の視点を必要としていること**

クライアント自身が他者からのフィードバックを求めていない場合、「批判されている」と受け取ってしまう危険性が生じます。その人がいま、他者の意見を必要としていることを見極めることが大切です。

②**行動変容が可能であること**

修正が困難な癖や体の特徴、漠然とした雰囲気などはフィードバックの対象にはなりません。

③**忠告や命令にならないこと**

フィードバックを受け入れるかどうかは、受け手の選択になります。強要することはできません。

④**適切なタイミングであること**

時間が経過してからではなく、早い段階でフィードバックを行ないます。

⑤**伝わっているかどうかを確認すること**

フィードバックした内容を、クライアントが正しく理解しているかどうかを確かめることが大事です。

⑥**時制に注意すること**

過去のある特定の時点で感じたのか、いま感じているのか、時制を明らかにします。

## 「提案」のスキル

コーチングにおける提案は、相手に新しい視点を提供し、ゴールに向けて飛躍的に行動することをサポートするためのものです。「指示・命令」との大きな違いは、「行動の選択権は受け手にある」という視点に立ったものであることです。

提案のポイントは次のとおりです。

①Yes／Noの選択権は受け手にある

「やるか、やらないか」の最終的な判断を相手に委ねることで、その自発性や自己責任意識を高め、モチベーションを高めます。

②許可を取ってから提案する

「提案してもいいですか？」と、クライアントに許可を得ることで、命令やお節介とは異なるものにします。

③提案は1回に1つ

人は、一時に複数のことを意識できないものです。ステップをつくることで、クライアントの成長を確実に促進させていきます。

④提案の内容を明確にしてから提案する

提案する内容は、相手が行動しやすいように具体的に伝えることが大切です。

⑤正論ではなくストーリーを伝える

「こうすればうまくいくものだ」といった正論でのアプローチは、人によっては素直に受け入れられない場合があります。提案がうまくいった事例を、具体的にストーリーで伝えることがポイントです。

## 「要望（リクエスト）」のスキル

要望は、人を大きく成長させるために効果的な技術です。人は、無意識にも、自分の行動や思考に「枠」をつくっているため、コーチが「要望」することで相手の可能性を引き出し、その「枠」を超えるきっかけをつくり出します。「要望」も、提案と同様に、「行動の選択権は受け手にある」という視点に立ったものであるという意識が大切です。

効果的な要望のポイントは次のとおりです。

①ストレートに短く伝える

長い前置きや、遠まわしな表現は、時に相手を混乱させ、不快感を抱かせる可能性があります。人は、はっきりと何を望まれているのかを知りたいのです。

②相手に対する期待を込めて伝える

「～すべき」といった命令口調や、逆に媚びるようないい方は、相手に対する敬意を失っています。要望は相手へのアクノレッジメントにもなりえます。

③必要があれば、何度でも繰り返す

人の行動は、一度の要望だけではなかなか変えることができません。繰り返し伝えることで、コーチが望んでいることの強さや深さがクライアントに伝わっていきます。


次の項からは、コーチングの実践的な使い方を示す２つのストーリーを紹介します。

コーチングの考え方やスキルを紹介するのにストーリー形式を取るのは、どのような場面で、どのような会話となって、どのような効果をクライアントに与えているのかをイメージしやすくするためです。ストーリーを通して、いきいきとしたコーチングの姿を見ていただきたいと思います。ここではある特定の事実としてではなく、コーチングで実際に直面するケースをわかりやすくモデル化したものとして見てください。

最初の例は、自動車メーカーの教育プロジェクトマネージャーが「部下とのコミュニケーションでいい人をやめたい」というテーマで、コーチと出会うところからはじまります。コーチングの過程で真のテーマは別のところにあることに気づき、コミュニケーションから対人関係にまで通じる行動機軸を見つけ、コーチと二人三脚で行動実践に取り組んでいきます。

もう１つのストーリーは、IT系機器の製造・販売会社の社長のケースです。業績が上がらず、部下のやる気も低い会社の社長が、現状を変えていこうとコーチをつけることになりました。その出会いから、コーチングが軌道に乗り、どのような変化が起きていくのかのプロセスを見てもらいます。

## 5-2 自動車メーカーのマネージャーのケース

本当の目標を見つけ、コミュニケーション力に優れた管理職に成長

### ケースの概要

　ここでは、上司に勧められてはじめてコーチングを受けることになった、自動車メーカーのプロジェクトマネージャーAさんのセッションを事例に取り上げます。

　このケースでは、コーチがクライアントの事前情報を受け取るところからはじまり、数度のセッションを通じてAさんが管理職としてのキャリアパスを開拓していく奮闘振りを描いています。

　Aさんは当初、上司や部下とのコミュニケーションを変えることを目的にコーチングに臨みましたが、コーチとのセッションの中で本当のテーマが何かに気づいていきます。そして、セッションを続ける中で、深い自己現状認識にたどり着いていきます。周囲の同僚の協力も得ながら、やがて上司からもマネージャーとしてふさわしいコミュニケーションが取れるようになったとお墨付きをもらうという結末を迎えます。

### セッションの事前準備

　コーチはコーチング・セッションの初日を控え、Aさんのプロフィールを見ながら考えています。事前情報では、Aさんは40代中盤で、自動車メーカーの人事部門教育関係の仕事をされているとのこと。現在の役職はマネージャーで、それまで入社以来一貫して設計部門に在籍し、部下が最多で10名いたこともある。現在の部下は20代後半の若手社員の方が3名で、上司は50代後半の方となっています。

　Aさんのコーチングのテーマは、「管理職としてのキャリアパスを歩んでいくためのコミュニケーション変革」とあります。具体的には「上司・部下とのコミュニケーションを良好にする」ことが希望テーマ。今回コー

チングを受けるきっかけは「上司との面談」とのこと。面談の中で今後のキャリアを管理職として歩む場合、部下や周囲とのコミュニケーション力の向上が必須になるといわれたことが契機とあります。

①**コーチングの方針**

　コーチはまず、コーチング全体のフローについて構想します。ここでは、Aさんが専門職から管理職のキャリアに移行されている点や、管理職として認められていくにはコミュニケーションの取り方が鍵となるという点に着目して、次のフローを構想しました。

❖ **コーチが構想したコーチング・フロー** ❖

**セットアップ**
今回コーチングを受けようと思われたきっかけを伺う。

**目標の明確化**
管理職として求められている役割は何かを明確にする。
役割遂行に必要なコミュニケーションを明らかにする。

**現状の明確化**
自分の現状を考え、周囲からフィードバックももらう。
コミュニケーションの背後にある価値観を解明する。

**ギャップの原因分析**
理想のコミュニケーションと現状とのギャップを探る。
ギャップを、あり方、スキル、行動の３つの視点で分析する。

**行動計画策定**
望ましいコミュニケーションの実践を計画する。

**行動実践**
望ましいコミュニケーションを実践する。

**フォローアップ**
目標達成度と成果を評価。今後に向けた行動を描く。

②コーチング全体の戦略と構造

　続いてコーチは、クライアントのPresence・Possession・Behaviorの視点（☞50頁）に照らし合わせて、コーチング全体の進め方についての戦略やフレームワークを構想していきます。

　今回のセッションでは、Aさんが管理職としてのキャリアを歩むにふさわしいコミュニケーション能力を身につけ、実践できるようになることをゴールと想定しています。

　このテーマの場合、Aさんのキャリア観の根底に存在する価値観、そしてコミュニケーションや対人関係の背後にある価値観を掘り下げ、表層的なコミュニケーションスキルの問題ではなく、Aさんの価値観を一貫して扱う必要があるのではないかとコーチは考えます。これがPresenceレベルでのフレームワークです。

　そして、価値観を明確化したら、その価値観に沿ったキャリアや対人関係を実現するための手段としてのコミュニケーション（Possession）について棚卸しをして、必要なものを身につけるというフェーズに移行しようとコーチは考えます。これがPossessionレベルでのフレームワークです。

　そして、Presenceレベル、Possessionレベルで十分な気づきとコミットメントが得られたら、いよいよ新しい考え方や新しいコミュニケーションスタイルに基づく実際の行動に移ります。これがBehaviorレベルのフレームワークです。

　この結果、次のような戦略と構造をコーチは構想しました。

### ❖ コーチが構想した戦略と構造 ❖

**1. コーチングの目的を明確にする**

コーチング上の目的を明確にするため、Aさんがどんなキャリア、どんな管理職になりたいのか、それを通じて何を実現したいのかをセッション早期にクリアにする。得たいのはコミュニケーションのスキルやスタイルそのものではなく、あくまでも管理職としての評価や今後のキャリアパスを開拓することと想定して聞いていく。

### 2．目的に沿った目標設定をする

コーチングの目的が明確になったら、目的達成のための目標を設定する。ここでは、Ａさんのコーチング上の目標設定のために、Ａさんがどんなコミュニケーションを周囲と取っていくのが望ましいのかを扱う。テーマをコミュニケーションスキルの領域に矮小化させず、あくまでもキャリア上の目的達成のための目標と位置づけて扱う。

### 3．行動やスキルに留まらず、意識レベルのバージョンアップまで迫る

コミュニケーションも表層的にスキルとして捉えるのではなく、コミュニケーションを取る際の無意識レベルの思考や価値観などについても取り扱う。

### 4．客観的な現状認識をさせる仕組みづくり

現状認識を深めるために、現在や過去の上司・部下の協力を得て、Ａさんの行動やコミュニケーションについてのリサーチを行なう。

### 5．本人にあるリソースの発見と活用

キャリアも長く、マネジメント経験ももつ方なので、これまでの体験や強みから今後に活かせるものを可能な限り見つけて活用する。

### 6．周囲のリソースの活用

その反面で、どうしても考え方を変えなければならない点、行動を変革する点の発見については、キーマンである現在の上司をうまく巻き込んで行なう。

### 7．目的、目標を貫く確かな軸づくり

Ａさんの価値観や無意識レベルの思考を明らかにし、その明らかになった価値観を軸にして、Ａさんらしいキャリアプランやコミュニケーションスタイルを明確化する。

### 8．変化を促進する仕組みづくり

コーチとＡさんの間だけで密かに変革行動に取り組むのではなく、周囲をうまく巻き込んでやりがいのある場をつくる。具体的には、上司や部下、家族、友人など、周囲のあらゆる人に挑戦する変革行動を宣言してもらい、Ａさんの挑戦に周囲から関心が寄せられ、変化には惜しみない励ましや承認が贈られるような仕組みを用意してモチベーションを高めていく。

このようにして、Ａさんのこと、テーマのこと、そしてコーチング・セッション全体のデザインについて構想したコーチは準備作業を終えることとしました。

> 📣 **コーチの視点**
>
> **事前準備がセッションの成否を決める**
> 　事前準備は、コーチング・セッションの成否を決める重要な要素です。コーチング・セッションでは、その時々にクライアントが考えて語る言葉に意識を集中させ、どの方向に展開していくのかに耳を傾ける必要があります。このようにセッションの展開には偶発的な部分がある訳ですが、事前に準備した構造や問いがあってこそ、限られた時間でメリハリの利いた効果的なコーチング・セッションが可能となります。

## クライアントとの出会い

　セッション当日。Ａさんの勤める自動車メーカーの応接室にて、コーチははじめてＡさんと対面しました。

　はじめてのコーチング・セッションとあって、Ａさんは最初緊張した面持ちでした。しかし、お互いの自己紹介を通じて、かなり場が和んでいるのをコーチは感じていました。その雰囲気を感じつつ、コーチは今回のコーチングを受けるきっかけや、コーチングに期待することについて聞いていきました。

コーチ「今回コーチングを受けようと思われたきっかけは、上司との面談とありますね。これは実際にはどんなことだったのでしょうか」
Ａさん「私は、もともと設計一筋のキャリアだったんですね。それが昨年の人事異動でまったく畑違いの人事教育部門に来たのです。なぜだろうと内心思っていたところ、上司と面談する機会があったの

です。うちの会社では定期的に上司と今後の方向性やキャリアについて話し合う人事面談があるのです」
コーチ「なるほど。それで、面談の中でのきっかけとは何だったのですか？」
Ａさん「上司は私の人事異動になった真の理由を教えてくれたのです」
コーチ「踏み込んだお話ですね。異動の真の理由とは何だったのですか？」
Ａさん「設計部門の時代には私には部下が10名ほどいたのですが、当時の上司や周囲から見て、私はコミュニケーションがうまく取れていませんでした。このため、いったん、部下をたくさん抱える設計の部署を離れ、少数の部下の部署に行って自分のコミュニケーションを見つめなおし、そこをバージョンアップしてほしいとのことでした」
コーチ「そうなんですね。それを聞いてどう思いましたか？」
Ａさん「いずれは設計部門に戻りたいと思いましたし、戻るために多くの部下をマネジメントする力をつけることが必要なんだな、と思いました」
コーチ「設計への一貫した憧憬をおもちで、今後は設計のマネージャーとしてのキャリアを歩みたいと。そのための条件として、現在の部署で周囲との円滑なコミュニケーションを身につけたいということなんですね」
Ａさん「そうなんです。でも、そのためにどうすればいいのかなと思案していると、上司がコーチングを紹介してくれました」

## ◀📢 コーチの視点

### 背景を知ることで真の目的を発見する

　初期の信頼関係の構築ができると、コーチングを受けるきっかけや背景について聞いていきます。事前情報の限られた情報では「真の背景」は必ずしもわからないため、なぜいま、コーチングを受けたいと思ったのかについて細かく聞き出します。このヒアリングをしっかりと行なうことで、クライアントがもち込んできたテーマとは違う真の

テーマが浮かび上がってくることもあります。

　今回のコーチングの目的は、事前情報では「管理職としてのキャリアパスを歩んでいくためのコミュニケーション変革」であり、具体的には「上司・部下とのコミュニケーションを良好にする」が希望テーマでした。しかし、実際に話を聞いてみると、専門分野を活かせる設計部門にマネージャーとして戻って活躍したいというのが最終的な目的であることがわかりました。

### 理想の状態を描く

　コーチングを受けるきっかけを聞けたところで、コーチはコーチングを通じて実現したいことについてＡさんに聞いていきます。コーチングのゴール設定、理想の姿の明確化です。

　設計部門にマネージャーとして戻ることを希望しているＡさん。設計部門のマネージャー職は、何かを実現するためのポジションにすぎません。そのポジションを通じて実現したい何かが、Ａさんにとって大事な目的地であるはずです。そこをクリアにしてもらうべくコーチは聞いていきます。

コーチ「設計に戻って実現したいことは何ですか？」
Ａさん「世界中で愛される新車づくりにもう一度携わりたいのです」
コーチ「特に設計として新車づくりに携わりたいと思うのはなぜですか？」
Ａさん「それはずっと設計一筋でやってきて、思い入れがあるからです」
コーチ「どんな思い入れですか？」
Ａさん「言葉を超えて伝わるものがデザインにはあるんです。それを設計の仕事を通じて世界のユーザーに伝えていきたいんです」
コーチ「世界のユーザーに一番伝えたいものは何ですか？」
Ａさん「プライドですね。乗っていてプライドを感じる車づくりをしたいです」

> ### コーチの視点
>
> **本当にやりたいと思える目的を描く**
>
> 　コーチングは目標達成を支援するコミュニケーションなので、そもそも目標自体をどう設定するかが非常に重要です。ここではAさんの「管理職にふさわしいコミュニケーションを身につける」のが目標に相当します。ただ、これはコーチとしては、本当にAさんの内から情熱的に沸き上がってきたものとは感じられませんでした。やらなくてはいけないからやる課題というニュアンスが、Aさんの言葉の響きにあったからです。コーチングが成功するためには、「やらねばならない」というHave toの目標ではなく「やりたい」というWant toの目標（☞114頁）でなければなりません。このため、コーチは本当にやりたいと思えるもの、本当に手にしたいと思っていることにたどり着くまで質問をしていくのです（☞111頁）。

　コーチングの目的が明らかになったところで、続けてコーチは聞いていきます。

コーチ「設計で将来活躍するため、いまの部門でこそできることは何ですか？」
Aさん「それは、部下や関係他部署との調整能力を磨くことですね」
コーチ「いまの部門でこそ、と思ったのはどんなところから？」
Aさん「それは現在の部門の組織サイズが小さいながらも、組織横断的なプロジェクトが主業務だからです。もともと、大勢の部下やたくさんの関係部署との調整が必要な設計部門で、調整に手を焼いた私からすれば、その能力を磨くにはちょうどいいと思います」
コーチ「他には？　いまの部門でこそできることは？」
Aさん「能力開発でしょうね」
コーチ「能力開発とは？」

Ａさん「仕事に求められる能力・スキルを洗い出してトレーニングするこの仕事は、設計プロジェクトを組み上げて管理していくうえで大事ですよね。プロジェクトに求められるのはどんな人か？ 必要なのはどんな能力か？ 誰をメンバーに選ぶべきか？ 将来必ず必要なことですね」

　現在の部門での仕事を、将来の設計部門への価値あるステップとして意味づけているＡさん。コーチは、Ａさんが現在の職務についての意味づけをポジティブに行なったのを見逃さず、その視点を結晶化すべく質問しました。

コーチ「いまの部門はＡさんにとって、ひと言でいうとどんな位置づけですか？」
Ａさん「ヒト関係のマネジメント力を鍛錬する場ですね」
コーチ「この場の有無は、将来の車づくりにどんな違いを生むでしょうか？」
Ａさん「この場を経験することで、より大きな責任あるポジションを新車の設計開発プロジェクトで任せてもらえるようになると思います。人をまとめられないと大きなプロジェクトはできないですから」
コーチ「そうなったときのＡさんのキャリアは、人生にとってどんな意味をもちますか？」
Ａさん「自分のプライドが満たされると思いますね。デザイナーとしての誇りがもてるでしょうね」

📢 **コーチの視点**

**過去・現在・未来をつなぐ一筋のストーリーの重要性**
　コーチングを成功させる重要なポイント、それは本当に実現したいと思える目的と目標を設定することです。では、目的と目標の設定はどうすればできるのか？ それは、クライアントの過去・現在・未来を有機的に結びつける「ストーリー」をクライアント自身に明確にし

てもらうことです。
　クライアントの過去の人生において大事にしてきた価値観が明らかになり、その価値観に裏打ちされた「ストーリー」がクライアント自身によって描かれ、その中で未来の目的と目標が描けているとき、クライアントの目標に向かうモチベーションやコミットメントは高まります。
　ここでは、過去の設計部門での仕事も、将来やりたい設計部門の仕事もＡさんにとって魅力的であったわけですが、その間に位置している現在の人材教育部門の仕事を含めた「ストーリー」が見出せていない状態でした。コーチはそこに着眼し、将来やりたいことに求められるものに目を向けさせ、それに向けて「いまだからできること」という切り口で、現在の仕事がＡさんの「ストーリー」にとって欠かせないステージであることに気づかせたのです。

　コーチングの目的とそれに向けたストーリーが鮮明になったところで、コーチはＡさんに初回のセッションの感想を聞くことにしました。

コーチ「Ａさん、今日ここまでいろいろ話してきましたが、いまお感じになっていることはどんなことですか？」
Ａさん「そうですね。最初はただひたすら、設計に戻りたい、そのために上司に管理職として認められたい、という一心でした。でも今日コーチといろいろ話していて、１つ気がつきましたね」
コーチ「それは？」
Ａさん「いまは設計での飛躍に向けた絶好の仕込み時期ということです」

◁≡ コーチの視点

**セッション中に立ち止まって感想を聞く**
　コーチング・セッションでは時々、立ち止まってそれまでの対話に

> ついて振り返ってもらいます。クライアントのオートクライン（☞76頁）を新鮮なうちに言語化してもらうことが目的です。効果的なセッションにするためには、先を急ぐだけではなく、あえて立ち止まって振り返ることも大事なのです。
>
> 　コーチングの付加価値は、頭の中、心の中にあることを「言語化」することにあります。そのためには振り返りの場を時折もつことが有効なのです。

　コーチは、Aさんの声の力強さ、口調、顔の表情からも、コーチングへのコミットメントが高まってきたのを感じつつ、質問をしていきます。

コーチ「では、仕込み時期のこの半年で、どんなものを手にしたいですか？」
Aさん「部下の創造性やモチベーションを最大限に引き出せるようなコミュニケーション力ですね。いい車づくりをできる場づくりです」
コーチ「それは現在のAさんのコミュニケーションと比較して、どんなコミュニケーションだといえるのでしょうか？」
Aさん「『どうせこいつはこうだろう』と決めつけて話すのではなく、白紙からいろいろなアイデアと創造性を引き出してこれるような柔軟なコミュニケーションですね」
コーチ「ひと言でいうと、どんなコミュニケーションですか？」
Aさん「創造的コミュニケーション」
コーチ「なるほど。他にはどんな違いがありますか？」
Aさん「何かを頼まないといけないときに、しっかりと相手に自己主張と要求要望のできるコミュニケーションでしょうね。要求をするときに攻撃的でなくて、爽やかにいえるようなコミュニケーションですね」
コーチ「それをひと言でいうと？」
Aさん「カラっとしたコミュニケーション（笑）」

> ### コーチの視点
>
> **目標をいつも念頭に置かせる工夫、「ラベリング」**
> ここでは、クライアントの目指したいコミュニケーションについて「ラベリング」と呼ばれることを行なっています。コーチングが進展していく中で、一貫して扱うのが目標なので、目標はいつでもどこでもクライアントの念頭に置いてもらう必要があります。目標の姿をひと言で表現してもらったり、記号や図で象徴してもらったり、何か象徴的な写真を携帯してもらったりします。ここでは「創造的コミュニケーション」と、「カラっとしたコミュニケーション」というキーワードに落とし込み、理想の姿を想起しやすくしています。

　目標のラベリングをしたところで、コーチは目標達成を測る尺度と測定手段の設定に会話を移していきました。

コーチ「いまのAさんのコミュニケーションの創造性とカラっと度合いは、理想の状態に照らして100点満点でいうと何点ですか？」
Aさん「創造性は、30点（笑）」
コーチ「おお、随分厳しい評価ですね（笑）」
Aさん「結構、会話をしている中で、私は相手に対する決めつけが激しいですし、結構頑固になって意見を聞かないときもあるなって思っていました（笑）」
コーチ「そうなんですね。ではカラっと度は？」
Aさん「10点。これは全然ダメですね」
コーチ「なるほど。今回のセッションを終了する半年後、何点になっていたいですか？」
Aさん「そうですね。設計部門に行くときはズバリ100点を目指したいですよ。それに向けてこの半年、自己改革を開始するわけですから、まずは80点を目指したいです」

コーチ「80点をつけられた心は？」
Ａさん「設計部門のマネージャー候補として上司の推薦でノミネートされるための自分なりの基準ですね。実際に着任するときまで継続的に努力していって、100点で設計マネージャーに就任しますよ」
コーチ「力強いですね」

### 📢 コーチの視点

**エバリュエーション尺度と定量評価**

　コーチングの目標は千差万別ですが、どんな目標やテーマであっても、進捗や成果を測定する尺度が必要です。この尺度をつくることをコーチングでは「エバリュエーションプランをつくる」といいます。ここでは、創造性を引き出すコミュニケーションと、自己主張や要求要望を的確に行なうコミュニケーションができることが目標となっていますが、このままでは達成したかどうかの判定が極めてしにくく、目標に照らし合わせた現状の位置確認も困難になると考えられます。

　ここでは、理想の状態を100点として、まずは自己採点で現状を定量評価するようにリクエストしています。しかし自己採点をする際の問題は、客観性の担保です。クライアントの自己評価だけでコーチングを評価していては、成果の確認に疑問が残るため、多くの場合、適切な第三者の評価者をクライアントに選定してもらい、評価者の協力を得て目標や現状についてアセスメントしてもらうことが多いのです。

　目標設定と達成尺度の選定、自己評価まで来たところで、コーチは第三者による目標達成評価の仕組みづくりについて聞くことにしました。

コーチ「さて、目標進捗には客観性の担保が大事です。ズバリ、誰に進捗評価してもらうとＡさんのコミュニケーションの変化が正確にわかりそうですか？」
Ａさん「それは間違いなく上司ですね」

コーチ「いい応援団がついていて理想的ですね。他には？」
Ａさん「あとは日々一緒に仕事をしている同僚、部下ですね」
コーチ「いいですね。ではどんな第三者評価をお願いしましょうか？」
Ａさん「そうですね。まずは、理想のコミュニケーション像について、何かリストみたいなものをつくってみたいですね。そして、それをもとに上司に時々チェックしてもらうとかですね」
コーチ「いいですね。ではさっそく、今後、設計マネージャーになったときに役立ちそうなコミュニケーションの条件をリストにしてみてください」

### コーチの視点

**評価基準は自分から、評価自体は第三者から**

　目標達成度を測定する評価基準を、ここでは、Ａさんに自分でつくるようにリクエストしました。コーチングでは、クライアントの自発的行動を促進する一環として、目標達成基準をクライアント本人が策定することを行ないます。人に強要される基準で判定されると、判定結果を心理的に受け入れにくくなる傾向があるからです。自分で策定した基準は納得ずくのものなので、結果を真摯に受け入れて自発的な行動に繋がりやすいのです。

　その一方で、実際の目標達成の評価は上司という第三者に依頼する構造をリクエストしました。これは、評価の客観性を担保し、コーチングの成果を冷静に見極めるための工夫です。

　このように評価基準を自分でつくらせ、評価作業は第三者に行なわせるというのが、クライアントの自発的行動を引き出すための成果測定の秘訣です。

### エバリュエーションプランの設定から現状認識へ

コーチ「いかがでしたか？　どんな条件が出てきましたか？」

Ａさん「自分の現状は脇に置いて、将来、新車の大規模プロジェクトで活躍している自分を想像して書いてきましたよ（笑）」
コーチ「まさにそれが書いてきていただきたかったものです」

　Ａさんの書いてきた創造的コミュニケーションの条件と現状の自己採点結果は、次の①〜⑤のとおりでした。

---

①何でも意見やアイデアを言いやすい人だと思われている　　（60点）
②いろいろな意見を聞き出すだけでなく、ブレのない軸で判断ができている　　　　　　　　　　　　　　　　　　　　　　　　（40点）
③自分の考えを通したいということを、攻撃的ではない形で主張できている　　　　　　　　　　　　　　　　　　　　　　　　（30点）
④最終的な判断結果をわかりやすく部下や関係者に伝えられている
　　　　　　　　　　　　　　　　　　　　　　　　　　　　（30点）
⑤関係者のプロジェクトへのコミットメントを高めている　（60点）

---

コーチ「最初と最後の項目は高いですね。周囲の意見を引き出したり、やる気を高めてあげることは得意なんですね」
Ａさん「それは昔から好きですね」
コーチ「昔からお得意なんですか？」
Ａさん「それこそ中学のころからですね。部活でバレーボールをやっていまして、いつも、部長とメンバーの間で、皆の相談に乗る役割が定番でした。皆が気持ちよく練習できて部活が充実するようにまとめていましたね」

### ◀ コーチの視点

**現状認識は「アクノレッジ」から**

　コーチングのテーマに沿った測定尺度を設定すると、現状測定に入っていきます。ここでは、Ａさんの目指す「創造的コミュニケーションの条件」について、まず自己評価として、その場で現状測定を行な

> っています。ここで重要なことは、いきなり危機意識を植えつけようとしたり、課題となる項目についての厳しいフィードバックをしないことです。コーチングの序盤では、クライアントとの人間関係構築も重要な側面です。クライアントの強みに目を向け、クライアントのリソースを発見して、それをアクノレッジしてあげることがまずは重要です。
>
> コーチングは、現状認識をさせるのが目的ではなく、あくまでも目標達成させるのが目的です。そのために、まずはクライアント自身が自分の強みに目を向け、目標達成に向けてのエネルギーを高めることが重要なのです。

続いて、コーチは創造的コミュニケーションの条件で自己評価が低かった項目について聞いてみました。

コーチ「一方で、聞いた意見をもとにした判断や、自己主張、そして判断結果を伝えることについては自己評価が低いですね。これはなぜだと思いますか？」
Aさん「なぜか？ ……なぜなんでしょうね」
コーチ「いつからですか？」
Aさん「中学高校のときにはすでにそうでした。あるいは、小学校の学級委員のとき以来かもしれません」
コーチ「学級委員の何がきっかけで？」
Aさん「たしかクラスで動物を飼育していたんですよ。そのときに学級委員だった私は、その飼育係の分担をめぐってルールを決めないといけなかったんです。そのときに自分でこれだと思った意見を通して、皆でもめてしまったんですよ。あのときに同級生に文句を一杯いわれたのが、境目だったのかもしれません。以来、これで行くぞ！　とか、そういうブレのない判断をしたり、自分の意見をうまく主張したり伝えたりできなくなった気がします」

コーチ「それ以降、もめてしまったことは他にありますか？」
Aさん「……そういわれると、特にないですね（笑）」
コーチ「今後は、自己主張についてはどうしたいのですか？」
Aさん「ビジネスに必要とされる判断や自己主張は、いい大人なんだから、やっていきたいですね。こうやって話してみると、何だかそんなことに囚われていたのかという気もします」
コーチ「子供のころに思い込んだことには、誰しも囚われてしまうことがあるものですよ。ただ、囚われている考え方や習慣を続けるかどうかは皆、自分で決めることができるのですよ」

### ◀ コーチの視点

#### 目標達成の障害となる「イラショナルビリーフ」を扱う

　クライアントの目標達成に向けて制約になることがある場合、コーチはそれが何なのかを明らかにするよう関わっていきます。ここでは、創造的コミュニケーションとは反することをAさんが小学校以来続けてきていることを発見しています。しかも、それは過去の学級委員としての1つの決定行為がもたらした結果に囚われたすえの行為なのでした。このため、それ以降、自己主張や、自分の軸での意思決定、決定事項の伝達ということから、「周囲の反対」を自動的に連想するようになってしまったのです。

　心理学ではこのような非合理な思い込みのことを「イラショナルビリーフ」といい、コーチングでは、このような非合理な思考が目標達成を妨げる要因だと判断すると、合理的な思考の選択肢を取れるようにコーチが関わっていきます。

　コーチは、自己評価をしながらAさんの現状認識が深まったのを見つつ、今後の進め方について提案をしました。
　Aさんのコミュニケーションについての印象を、インタビュー形式で、上司・同僚・部下はじめ、職場の関係者に回答してもらうというもので

す。Aさんは、非常に興味があるといって快諾しました。

　Aさんから了解を得たコーチは、数日後、上司・部下・同僚のそれぞれ1名の方にインタビューを実施し、次のセッションでその結果を点数にして伝えました。

---
①何でも意見やアイデアをいいやすい人だと思われている　　（70点）
②いろいろな意見を聞き出すだけでなく、ブレのない軸で判断ができている　　　　　　　　　　　　　　　　　　　　　　　（30点）
③自分の考えを通したいということを、攻撃的ではない形で主張できている　　　　　　　　　　　　　　　　　　　　　　　（30点）
④最終的な判断結果をわかりやすく部下や関係者に伝えられている　　　　　　　　　　　　　　　　　　　　　　　　　　　（60点）
⑤関係者のプロジェクトへのコミットメントを高めている　　（60点）
---

　コーチは定量的な評価結果だけでなく、そう評価した理由についてのインタビュー結果も伝えていきます。

「Aさんは、日々こちらの意見に耳を傾けてくれるが、皆の意見を全部反映させようとしすぎて部門としての方向性が揺らぐことが多いです。もっと自分のビジョンを前面に出して、一貫性のある部門運営をしてほしいと思います」

「Aさんは時折、ご自分の意見をおっしゃる場合に、表情が硬くなって少し怖いと感じることがあります。また、こちらの意見をどこか少し我慢して聞いていると感じます。もっと気軽にご自身の意見を普段からたくさんおっしゃっていただければと思います。お互いに何でも表に出して議論していける部署の風土を期待しています」

◀━━ コーチの視点

## 第三者からのフィードバックで立体的な自己認識をさせる

　コーチはクライアントの目標達成に向けて気づいたことをフィード

バックするのが重要な役割です。しかし、それと同等に大事なのが、どうしたらクライアントの心に響くフィードバックができるかということです。

　同僚など、クライアントのことを日々よく見ている第三者からのフィードバックからは、クライアント自身は気づいていない指摘を得られることもしばしばあります。また、毎日接することのないコーチには気づかない指摘を拾うこともできます。これにより、いわば、特定の指標だけから平面的に捉えるのではなく、できるだけ豊かな自己認識、立体的な自己認識をしてもらうきっかけとなります（☞130頁）。

コーチ「いかがですか？　このインタビュー結果は、Aさんの関係者がそう感じている、という意味ですが、Aさんご自身はどう思われますか？」
Aさん「やっぱり遠慮している結果、方向性にブレが出ているんですね。もっと気軽に意見も方向性も打ち出していったほうがよさそうですね。少し怖いことがあるというフィードバックは驚きでした」
コーチ「Aさん、このアンケートとインタビューはコーチング・セッションの最後にもう一度、成果を確認すべくやってみるとよいのではないかと私は思いますが、いかがですか？」
Aさん「いいですね。それが一番わかりやすいです」
コーチ「だとすると、セッション最後には何点がつくといいですか？」
Aさん「そうですね。全項目で60点以上を目指したいと思います」
コーチ「わかりました。では、その他、インタビューのコメントとしてどのようなコメントが出ると、コーチングは成功したといえるでしょうか？」
Aさん「部門の方向性がはっきりしたとか、自然な雰囲気でお互いに遠慮なく意見をいい合えるようになったとかですね」

> 📢 **コーチの視点**
>
> **目標設定も結果の解釈も、実施方法にもコミットメントを取る**
>
> 　セッションでは、コーチから目標達成をするために有効と思われるアセスメントやインタビューを提案していきますが、それはクライアント自身が実施の意義を感じ、興味のもてることでなければなりません。そのため、ここでも目指す点数や最後に出てきてほしいキーワードを自発的に設定してもらい、実施方法や時期についてもコミットメントを聞いています。
>
> 　第三者には有効と思えるアセスメントでも、本人の同意なしでは結果として、クライアントが結果を受容できなくなるのです。

コーチ「目指す姿がかなり具体的になりましたね。ではAさん、次回に向けて、目指す理想の姿と現状の間にあるギャップを生み出している原因は何なのか？　その背景は何か？　ということを考えてきていただけますか？」

Aさん「なるほど。理想が明確化して、現状認識を今日はっきりさせたので、次はギャップですね。考えてきます」

## 理想と現実のギャップを捉え、行動の方向性を探る

　目的と目標設定、成果測定までが明確化し、現状認識についても第三者からのフィードバックが含まれたことで深まりました。コーチは、ここから理想と現実のギャップについてAさんとともに分析をしていきます。

　ギャップを生み出している要因を捉え、そこからギャップの解消と理想の実現へ向けたAさんの自発的行動を引き出していきます。コーチングのプロセスにおいて最大の関門といってもいい勝負どころです。

コーチ「ギャップを生み出す原因について今日は考えたいと思います。ギ

ャップは2つあったと思うんですね。1つはいろいろな意見を取り込もうとしすぎてブレが出て、部門の方向性が定まっていないこと。もう1つはAさん自身の意見を我慢して表に出しておらず、お互いに遠慮のない議論ができていないこと」

Aさん「この2つは表裏一体だと思ったんですよ。つまり、自分の意見をしっかりと主張できて、遠慮のない議論ができていれば、おのずと、部門の方向性にも一貫性が出てくるのではないかと。議論を遠慮したり、自己主張を控えたりしすぎるので、結果としていろいろな意見を波風立たないように取り込もうとしているんだなあって。『いい人』でいたいんですよ、僕は」

コーチ「でも、『いい人』でいるにはこれまでの人生でそれなりの理由があるはずですよね。『いい人』でいることを選択してきた理由を挙げるとすればどんなことですか?」

### 📢 コーチの視点

**クライアントが口にしたキーワードを逃さない**

「いい人」という言葉がクライアント本人から出てきました。自分自身を振り返った言葉の締めを「いい人」という形で要約しています。クライアントが自分について語る際に自分を象徴する言葉が出たとき、コーチはそこにクライアントの価値観や過去の歩みなどを探る金脈があると捉えます。その「いい人」について、さまざまな角度から問いを立てていくのです。

コーチの問いかけに対してAさんが挙げた理由は、次のとおりでした。

- 出すぎたまねはダメ、何事も控えめが道徳的によいとの親の教え
- 小学校の学級委員時代の出来事。自分の意見を主張し、もめたこと
- その後、学校やアルバイト先、クラブ活動、職場委員など各方面で、皆の意見を聞くよき相談相手として重宝されたこと

コーチ「至るところでの経験があるんですね。なぜAさんが『いい人』でおられるのかがよくわかりました。主張すると反対される、聞き手にまわるとほめられるということですものね」
Aさん「そうですね。よかれと思ってやってきましたから。でも今後のキャリアを考えるとこのままではいけないと思うんですよ」

> **コーチの視点**
>
> **ギャップの分析は、あえて「他責」から「自責」の順番で**
>
> 　人は誰しも理想の姿が実現していないときに、その理由が自分にあるとは認めにくいものです。どんなクライアントのどんなテーマであっても、なぜ理想が実現していないのかを考えた際に、環境や周囲に原因を求めたい部分があるはずです。コーチはこの部分、すなわち「他責」（☞137頁）の原因を先行して聞いていきます。聞くことでその人の「やむを得ない部分」をまず受け止めることが重要です。受け止めてあげるとクライアントには胸のつかえが下りたような安堵感がもたらされます。
>
> 　このようにして心の余裕が生まれてから、コーチは次なるステップとして、理想と現実のギャップを生み出す原因のうち「自責」の要因に意識を集中させていくのです。
>
> 　コーチングを成功させるには、クライアントが自責の視点に立つことが不可欠ですが、急ぎすぎるとかえって自責の視点に立ちにくくなるのです。

　コーチは、Aさんが「このままではいけない」と発言したのを受けて、自責の視点でギャップを生み出す要因について聞いていくことにしました。Aさんが、すでに「自分が変わりたい」という自責の視点に切り替わったからです。

コーチ「いま、Aさんから、『親に教えられた』『同級生に反対された』

『周囲に重宝された』というお話を伺いましたが、これらはすべて周囲が喜んでくれたとか、周囲が怒ったからという種のお話かなと思いました」
Aさん「そうですね。周囲の期待に応えたいと思ってやってきましたね」
コーチ「では、周囲にどうこうだいわれたのではないのだけど、『いい人』を選択してきた理由があるとすればどんなことでしょうか？　自分は好きで『いい人』をやってきたんだというとすれば？」
Aさん「自分の意見やアイデアを全面に出すのではなく、常に先輩や上司のアイデアやノウハウを聞き出すことで、設計の技術力を高めてきた経緯があります。聞いているほうがインプットは多いですから、得をしてきたと思うんですよ」
コーチ「技術力を高めるためだったんですね。他には？」
Aさん「嫌われたくないから。無難に敵をつくらずやっていきたいから」
コーチ「他にはどうでしょう？」
Aさん「議論で意見を聞く側に回っていると、十分に情報収集をしてから発言できるので、より的確な発言ができますね」
コーチ「ということは、『いい人』でいるメリットはやっぱりたくさんあったじゃないですか？　今後もそのメリットを享受するために『いい人』をやめる必要はないんじゃないですか？」

### 🔈 コーチの視点

**逆の方向の質問でコミットメントを確かめる**

　ある方向に変わりたいというクライアントに対して、コーチはその方向性と逆でよいのではないか？　という趣旨の質問をすることがあります。

　ここでは、「いい人」をやめたいといっているAさんに、「そのままでいいんじゃない？」と聞いています。逆の方向性を問われることによって、迷いを解消して、自己変容へのコミットメントを高めることをここでは意図しています。「やっぱり考えた結果、こういう理由で、変わりたい」という自発的な決意を導き出そうとしているのです。

「いい人」のままでよいのでは？　と質問されたＡさんが答えます。

Ａさん「『いい人』のままではいけないんです。これまでの仕事といまの仕事では求められるものが違うんです」
コーチ「どういうことですか？」
Ａさん「育ててもらうのではなく、育てる立場への転換点に立っていると思うんです。つまり、いまは、人から吸収するよりも、部下が技術力を高め、それを発揮しやすいようにリードしていく立場にあると思うんです。これがこの数年できなかったところですね」
コーチ「具体的にはどういうことだったのですか？」
Ａさん「部下の技術レベルや成長段階を見て、時には、役割や学習課題を設定することが必要だったと思います。それを受け身に見ていた気がします」
コーチ「今後はどうしていきたいのですか？」
Ａさん「部門としてのトータルな技術力がアップするように、一人ひとりのレベルと適性をよく見極めたいと思います。そのうえで、部下の意見や希望を聞きつつも、いまの君にはこういう役割をしてもらいたい、といったこともいえるようになりたいですね」
コーチ「いいですね。では、意見をいわなくてもすんでいたという点については今後はどうですか？」
Ａさん「インタビュー結果を聞いてはじめて認識しましたが、自分を守ることに意識が行っていたということです。敵をつくらないというのもそうでしたし。でも、いまは自分を守るのではなく、部門を守る使命に変わったんですね。それをいまさらながらに認識したところです」
コーチ「そうすると、今後のＡさんの行動の方向性としては、まとめるとどうなりますか？」
Ａさん「管理職としての立場から、自分ではなく部門を守り、メンバーの技術レベルをアップさせる支援をする、です」

## 📢 コーチの視点

**過去の成功体験がトランジションでは仇になる**

　ビジネスパーソンの思考・行動様式は日々、高速で変化する経営環境への適応を迫られています。ここでは、一般社員時代に設計者として技術力を高めていくのに役立った行動習慣が、管理職として求められるミッションを果たすためにはかえって制約条件になるという構造になっています。コーチはコーチングの目標に照らして、いま最適な行動が何かを問い、現在のクライアントにとって最適な行動を引き出していきます。

### 行動計画をつくる

　これまでの思考行動様式を変えようと決意したAさん、今後の行動の方向性も打ち出しました。ここまで来ると、具体的な行動計画をつくって動き出すステップです。

　コーチは、その方向性に沿って、この半年間具体的にどう行動していきたいのか？　をAさんに聞いていきます。

コーチ「60点を半年後に取るために、どんなことをしてみたいですか？」
Aさん「部門や部下の技術力について、気がついたことやこうすべきだと思ったことは、すぐに伝えていきたいと思います。議論や自己主張を日々溜め込まずに出し切っておくことができれば、おのずと軸のしっかりとした部門運営がついてくると思います。出てきた意見をまとめるのは得意ですから（笑）」
コーチ「なるほど、それをひと言でいうとどんな行動になりますか？」
Aさん「いつも議論と意見出し！」
コーチ「いいですね、行動がクリアになりましたね。では、行動をより着実に実践していくために私から1つ提案があるのですが」

Ａさん「どんなことですか？」

コーチ「儀式です。世界トップクラスのプロ野球選手でも、打席に立つと意識を集中するために、決まった仕草をしたり、決め台詞を頭で唱えたりするそうです。Ａさんが、毎日忙しい職場で着実に自己主張と議論を投げかけていくために、仕草でも決め台詞でも、何でもよいのですが儀式を決めてみませんか？」

Ａさん「面白いですね。どんな儀式にすればいいのだろう……」

コーチ「テーマにちなんだもので、いつでも実行できるものがいいですね」

Ａさん「当社のチーフデザイナーでカリスマと呼ばれているＸ氏がいます。世界でも有数のデザイナーです。彼のように設計プロジェクトを任されるようになりたいのです。彼の出ている新車ＣＭやポスターがあるので、それを携帯の待ち受け画面にでも取り込んで毎日見ることにしましょうか」

コーチ「いいですね。それを見たときに毎回頭の中で唱える台詞でもあると最高ですが……」

Ａさん「『Ｘ氏に続け！』ですね（笑）」

### ◤≡ コーチの視点

**描いた行動を実践させるための工夫**

ここでコーチは、行動をできるだけシンプルに集約させるべく、Ａさんの宣言した行動をひと言でいい換えさせています。これによって常に念頭に置いてもらいやすくしているのです。また、「Ｘ氏に続け！」と唱える儀式のように、セッション中のクライアントとの関わりだけでなく、クライアントのビジネス現場での意識づけの構造をデザインすることもコーチの役割なのです。

コーチ「さて、半年後に60点を取る目標に向けての行動ですが、創造的な新車開発に向けた創造的コミュニケーションを取っていくということですね。では、最初にどこで誰とどんなふうに対話していき

たいですか?」

Ａさん「明日、技術者トレーニングプログラムの準備ミーティングを行なうのですが、そのときに、そのプログラムについての自分の想いを皆に話してみようと思います。自分としては、こうしたい！といってみるつもりです。そして、それに対する皆の意見を聞いてみようと思います。受け身で聞くのではなく部門を預かる管理者として積極的に意見をいって、反応を聞いてみようと思っています」

コーチ「いいですね。明日、終わったらどんな反応だったか？　そしてご自身でやってみてどうだったか？　私までお電話下さい」

### 📢 コーチの視点

**行動の第一歩を設定するときには細心の注意を**

　行動を起こさせる最初の段階には注意がいります。人間は大それた行動計画を立てれば立てるほど着手しにくくなるといわれているからです。ここでは、最初に取ってみたい日常的な行動を挙げてもらっています。いきなり半年後までの行動計画を描けといわれると重荷に感じるリスクがあるからです。それよりは着実な第一歩を歩ませることに意識を集中させています。

　そして記念すべき第一歩めの行動の直後に、どうだったのかをコーチと振り返る構造を事前に設定することで、実践へのモチベーションを高めています。この第一歩の行動が、クライアント自身にとって最もチャレンジングなものなのです。ちょうど停車している蒸気機関車の車輪がゆっくりと動き出す瞬間のようなものです。動き出すその瞬間にコーチは寄り添い、エールを送っていくのです。

### 行動を開始させて、続けさせる

　目標達成に向け、第一歩を踏み出したＡさんから、翌日、約束どおり電

話がありました。会議が終わったばかりと思われる時間帯です。

Ａさん「今日は自分がトレーニングプログラムにかける意気込みをメンバーに大いに語ってみました」
コーチ「おお、やりましたね。どうでしたか？」
Ａさん「それがね、好評だったんですよ。皆も自分の想いをいろいろに話してくれて、大きな方向性について意気投合できた感じでした」
コーチ「いいですね、でその後どんな展開に？」
Ａさん「その後、個人的にはこうしたらよいと思っているとか、一人ひとりに対してこんな動きを期待している、ということを話してみました」
コーチ「宣言されたとおりの行動をされたんですね。素晴しいですね。で、会議はどうなったのですか？」
Ａさん「そうすると、本質的に自分の得意分野を活かして自分はこうしたいとか、彼にはこれが適任じゃないか、といった話が闊達に飛び出して、目的も役割分担もすごく明確になりましたよ」
コーチ「おお、議論を活性化させていますね。狙いどおりですね。さて、いろんな意見が出たところで、部門長としてどう判断をされたのですか？」
Ａさん「部下から出た意見は尊重しつつも、今回のプログラム運営では自分の求める役割分担と内容で進めたいと伝えました。その代わりに、今日の議論で出た意見をもとに、これから同時並行で動き出すほかの２つのプログラムは、彼らの希望するコンセプトや役割分担を反映して素案づくりからやってほしいと伝えました」
コーチ「ばっちりですね。これまでのＡさんの強みである意見を引き出して汲んであげる面が活きつつ、今回のテーマにしている判断や自己主張、議論などをうまく実行することができたようですね」
Ａさん「やってみると、大丈夫なんだ、盛り上がるんだって思いましたね」

📣 **コーチの視点**

**目標達成に向けた望ましい行動への、惜しみない承認**

　ここではＡさんが、会議ではっきりと自己主張するということに果敢に挑戦し、成功しました。コーチはクライアントが目標達成に向けて取った望ましい行動については、どのような小さなものであっても惜しみなく承認をします。承認されることで、次にもまた挑戦してみようという動機づけになるからです（☞147頁）。

コーチ「今日のミーティングの成功の秘訣は、振り返ると何ですか？」
Ａさん「成功の秘訣は……携帯電話と儀式ですか（笑）。会議に入る前にそれを見て、Ｘ氏に続け！　クリエイティブな議論と意見出しをするぞ！　と決めてから入りましたからね。これがよかった」
コーチ「うまくいきましたね。では、会議がはじまってからの行動や思考でうまくいった要因があるとすれば何ですか？」
Ａさん「結果を恐れず、いまこの瞬間で意見をいったり、議論をすることに集中できたところかなと思います」
コーチ「とすると、これまでの会議と今日の会議での違いを端的にいうと何だったのですか？」
Ａさん「いい残しをしない！　ということですね。いま思ったことはいまここでいうと」
コーチ「いい残しをしない、ですね。わかりやすいですね」

📣 **コーチの視点**

**成功の秘訣を言語化させる**

　行動の第一歩を成し遂げた瞬間のクライアントに立ち会う――クライアントに行動を継続させて、目標達成をしてもらうために、コーチにとっても大事な瞬間です。

> このとき、コーチはクライアントの行動を承認するだけでなく、成功の秘訣を言語化してもらうことが大切です。実際に行動してうまくいったときの意識や思考、行動の一連の流れを、今後いつでも再現できるようにするためには、「鉄が熱いうちに」それらをつぶさに言語化しておくことが必要になります。ここでは、「いい残しをしない」という意識のもち方と、携帯電話を見る行動習慣の今後の継続的な実践、そして定着を促しているのです。

　Ａさんはこの会議での成功体験を皮切りに、忠実に携帯電話を見て意識をコントロールすることを日常の職場で続けました。そしてコミュニケーションの現場では「いい残しをしない」ことを念頭に意見をいつも伝え、議論を促進し、最後には明瞭な判断を下すという習慣を徹底しました。
　もちろん、毎回うまくいったわけではありませんし、最初の数週間は失敗することも多かったのです。
　そんな行動を繰り返す中で、コーチはＡさんの挑戦意欲を維持向上させるために、再度、ある仕組みを提案しました。コーチング・セッションの冒頭でコーチが同僚にインタビューしたのを参考にして、今度は自分から同僚にフィードバックをもらってくるというものです。いま自分が挑戦しているテーマを同僚に伝え、その目標達成に照らし合わせて、同僚の視点から気づいたことをいってもらうということです。
　挑戦してはコーチング・セッションで成果を言語化。成功したら再現性を高めるために意識を言語化し、失敗すれば次にどうすればうまくいくのかについて思考と言語化を繰り返す。そして時々同僚に自分からフィードバックをもらう。この繰り返しの中で、Ａさんには貴重な発見があったようです。同僚から客観的に見て、ある法則があることがわかったというのです。ある日Ａさんから電話がありました。

コーチ「新たに発見された法則とは？」
Ａさん「私は、議論が白熱したときに、最後には自分の意見を100％のま

　　　　せるか、相手の意見を100％のむかという二元論の思考と行動が
　　　　多いということでした。ある部下の指摘でした」
コーチ「それを聞いてどう思われたのですか？」
Aさん「自分はクリエイティブじゃないな、って思いました（笑）」
コーチ「それはどういう意味ですか？」
Aさん「本来、独自のアイデアをもった人間が集まって議論や協力する中
　　　　で、新しいものが生まれるのがクリエイティブな仕事であり、新
　　　　車の開発の仕事でも、そういう姿勢が求められると思うんです。
　　　　でも、私はいつも、俺が正しいか、お前に従うか？　という二元
　　　　論だったんですね。指摘されてはじめて気がつきましたよ。この
　　　　ことが、意見を控えめにしておきながら、ときおり攻撃的になっ
　　　　て意見をいうという行動に関係しているんだなと思いました」
コーチ「今後Aさんとしては、どうしていきたいのですか？」
Aさん「2つしかなかった選択肢に1つ付け加えたいと思います。自分の
　　　　意見を通す、相手の意見をのむという2つの選択肢に加え、対話
　　　　によって新しいアイデアを生み出すという選択肢を」

### 📢 コーチの視点

#### クライアント自らフィードバックを取りにいく

　周囲の人たちにクライアント自らフィードバックをもらいにいくことは、自分が取り組んでいることを周囲に伝え、その目標に順調に向かっているのかどうかを客観的に見てもらえるという点でとても有益です。フィードバックをもらう行為そのものが周囲への信頼関係の表現になるほか、同僚が取り組む姿を周囲が知ることで、組織全体にインパクトを与えるというメリットもあります。さらに、ちょっとした変化にも気づいてもらいやすくなるのです。

　最短での目標達成には小さな挑戦と小さな成功体験を積み重ねることが欠かせません。周囲の同僚を巻き込むことは、コーチングの成功にとって有効な方法です。

## 成果と成長を確認し、再現性と応用力をつけさせる

　コーチング・セッションを開始して半年が経とうとしたある日。
　Aさんがどう変化したのか？　コーチが客観的に成果を測定するために事後インタビューを同僚に実施し、その結果をふまえた最終セッションの当日を迎えました。

コーチ「早いものですね。半年が経ったのですね。いかがでしたか？」
Aさん「いやあ、必死でやっているうちに時間が経ったなあという印象です」
コーチ「さて、最初にお約束したとおり、Aさんの成果を測定するために同僚の方にインタビューを行ないましたよ。ご自分ではどんな結果が出たと思いますか？」
Aさん「そうですね。目指す60点は取れたんじゃないかと思います」

### 📣 コーチの視点

**セッションを通じて得た成果・変化について立体的に捉える**

　コーチング・セッションの序盤に実施した定量調査と定性インタビューをセッション終了時にも行なっています。コーチングを経てどんな状態になったのか？　たどり着いた現在地にいる自分について、何が変化し、どんな成果が上がったのか、できるだけいろいろな角度から捉えていきます。
　ここで意識することは、クライアント自身が成果を実感しやすいものであること、単に結果がどうかではなく、何が成功要因だったのかを振り返れるようにすることです。

　事後のインタビュー結果は次のとおりでした。

> ①何でも意見やアイデアをいいやすい人だと思われている
> 　　　　　　　　　　　　　　　　　　　　　（70点→70点）
> ②いろいろな意見を聞き出すだけでなく、ブレのない軸で判断ができている
> 　　　　　　　　　　　　　　　　　　　　　（30点→60点）
> ③自分の考えを通したいということを、攻撃的ではない形で主張できている
> 　　　　　　　　　　　　　　　　　　　　　（30点→80点）
> ④最終的な判断結果をわかりやすく部下や関係者に伝えられている
> 　　　　　　　　　　　　　　　　　　　　　（60点→70点）
> ⑤関係者のプロジェクトへのコミットメントを高めている
> 　　　　　　　　　　　　　　　　　　　　　（60点→70点）

事後インタビューの結果は以下のようなものでした。
「何でも遠慮なく話し合える雰囲気になった」
「皆、一人で抱え込まずに助け合えるチームになった」
「Ａさんがいつもリラックスした自然な雰囲気になって、話しやすくなった」

Ａさん「おお、うれしいですね」

コーチ「成功のキーポイントは何だったと思いますか？」
Ａさん「仕事が団体戦になったこと。部門として一体化して動こうという意識に自分自身がなったことですね」
コーチ「それまでとの違いは？」
Ａさん「俺が俺がという個人戦の意識でしたね。人をまとめて育てていくという立場に意識がシフトできた気がします。あとは、俺かお前かという二元論ではなく、第三の選択肢を視野に入れてクリエイティブな議論を仕掛けていくことが習慣になったことですね。これはよかったと皆もいってくれています」
コーチ「コーチング・セッションは今日で終わりとなりますが、Ａさんの挑戦ははじまったばかりですね。設計部門で活躍することを実現

するため、今後心がけていくことをお伺いできればと思います。今回のコーチング・セッションから、今後に活かしていくことはひと言でいうと何ですか？」

Ａさん「『クリエイティブな団体戦を常に楽しむ』といったところでしょうか」

コーチ「楽しむために今後、心がけることは？」

Ａさん「現在の教育部門のミッションであるトレーニングプログラム体系をしっかりと仕上げることです。しばらくはここにエネルギーを集中したいと思います。そうすれば自ずと、次のステップが見えてくると思います。設計に行っても活かせますしね」

コーチ「いいですね。振り返ると、今回のセッションでＡさんが得たものは何だったといえるでしょうか？」

Ａさん「自信。そして、決意。あと柔軟性ですね」

コーチ「自信はどうやって獲得されたのでしょうか？」

Ａさん「行動してフィードバックや評価をしてもらうという繰り返しですね。やり続けていると時々は成功しますから、自信がついた感じです」

コーチ「やり続けられたのは、何があったから？」

Ａさん「将来の大目的を明確に描いて、それに向かって行動し続けたからですね」

コーチ「では、決意はどうやって獲得されたのでしょうか？」

Ａさん「周囲からのフィードバックです。ああ、やっぱりそうなのかと思って、考え方も行動も変えようと決意できましたね。厳しい声もあったけど（笑）」

コーチ「柔軟性は？」

Ａさん「これは、設計マネジメントのことを突き詰めて考えたからですね。柔軟に人と組まないとクリエイティブなよい車づくりはできません」

コーチ「今回得たものを今後のキャリアでどう活かせそうですか？」

Ａさん「自分の今後のキャリアでは、"Ｘ氏に続け！"というテーマを大事にしていきたいと思います。そして、その大きな目的に向かっ

て日々の仕事を工夫していくことで、モチベーション高く仕事をしていけると思います。あと柔軟性ですね。今後、管轄領域が広がっていくときに、より柔軟性のある行動が取れることでキャリアの可能性が広がると思います。グローバルな連携なども将来自分の部下の間で行なう可能性もありますからね。なおさらです」
コーチ「目標達成されて本当に私も嬉しいです。Ａさんの今後の活躍をお祈りします」
Ａさん「いつか新車のＣＭでお会いしましょう（笑）」

### 📢 コーチの視点

**コーチングの締めくくりは、目標達成の検証と再現性・応用性の確保**

　最終セッションでは、第三者へのインタビュー結果から、当初に設定した目標が達成されたかどうかを検証しています。ここでは目標達成度の検証をしたうえで、目標達成できた成功要因を明らかにしています。成功の鍵となった行動が何だったのか？　そして、その行動を生み出した背景にある思考や意識の変化は何かを聞いています。

　個別の行動レベルでの成功要因を聞くに留まらず、意識や思考レベルでの成功要因を言語化させているのは、今後のＡさんのキャリアで、応用が利く法則、秘訣を定着させたいからです。日々の環境変化が激しい中、大事なことは思考レベル、意識レベルでの選択肢を増やし、さまざまな場面でその法則や秘訣を具現化して成功を再現してもらうことです。

　このように、セッションで得た秘訣や法則が再現可能な状態になったら、コーチは安心してクライアントが自走できると認識して、セッションを締めくくることができるのです。

## 5-3 IT関連機器会社の社長のケース

ビジョンの策定・浸透を通して、リーダーシップが大幅にアップ

　IT関連の機器製造・販売をしている会社の社長Nさんは、ある経済団体の講演で知ったコーチングに興味をもち、すでにコーチをつけている友人の会社役員の紹介で、エグゼクティブコーチと会うことになりました。

　まずは電話で、Nさんは簡単な自己紹介と、コーチングを受けたい理由をコーチに伝え、面会の約束をしました。Nさんがコーチに伝えた情報は、以下のようなものでした。

　Nさんは50歳代前半で、会社は社員が約180名。社長に就任してからの2年間は、売上が少しずつ下降しています。社長に就任する以前は、トップセールスマンを続け、営業担当役員になっても、大きな案件の獲得に陣頭指揮をしていたので、社長となることに不安はなかったそうです。ところが、社長になってからの業績は芳しくなく、その打開策が見つからないので、講演を聞いたことや友人の勧めもあり、コーチングを受けることにしたとのことでした。

　このNさんとの電話で得た情報から、コーチはコーチング全体の仮説を立てます。このケースでは社長就任後に業績が下がっていることに注目し、次の点を確認するポイントとして挙げました。

- 社長としての考え方
- 社員とのコミュニケーション
- 社長としての行動の優先順位

　もちろん経済不況や、社員のやる気等、社長とは一見関係のないことが業績の下降原因ということもあります。その場合でも、会社の舵取りは社長の仕事です。やはり社長の考え方やコミュニケーション、行動に改善の余地はあると、コーチは考えます。そこで、コーチは以下のようなポイントを意識して、今後のコーチングを展開していこうと想定しました。

- 業績が上がらない理由を社員のせい（他責）と考えているのか、自分に責任がある（自責）と考えているのか
- 社長の業務内容や優先順位を、どのように考えているのか
- 社員たちとのコミュニケーションは、どのようなものか
- 会社のビジョンは、どのようなものを考えているのか
- 社員育成については、どのようなことをしているのか

## プレコーチング

　コーチングについての説明と、今後の方向性を見出すまでを「プレコーチング」といいます。この段階ではコーチとクライアントが、コーチングの基本的な進め方や約束事、扱うテーマやゴールについての検討をしてから、同意をすることになります。ではプレコーチングでの、コーチとNさんのやりとりを見ていきましょう。

　はじめて会ったNさんは背が高く、体型もがっちりとしていて色黒です。第一印象では緊張しているのか表情も硬く、少し威圧的な雰囲気をコーチに感じさせました。まずコーチングを受ける理由を、コーチは質問します。Nさんはコーチの質問に対して「会社をよくするために相談に乗ってほしい」と切り出したあと、具体的に次のようなことを説明しました。

- 営業数字が不景気の影響で2年間下がっている
- 自分でも営業をして手本を見せているが、社員の動きが鈍い
- このままでは将来、リストラも考えなければいけない

### 📢 コーチの視点

**相手の言葉やPresenceにアンテナを立てる**

　社長が手本を見せようと、営業もしていることから、Nさんは獅子奮迅のがんばりを社員たちに見せていることが想像されました。しかし、社長としての業務と営業の業務のバランスが気になります。また、少し威圧的な雰囲気があり、部下とのコミュニケーションが円滑なの

かを確認することも必要です。さらに、社員たちの動きの鈍さを指摘していることから、「他責」のスタンス、つまりうまくいかない原因は自分ではなく、他人にあるという考え方が強いかもしれません（☞137頁）。これらのチェックポイントは、今後のコーチング・セッションでの質問の切り口となっていきます。

コーチ「では業績を上げるために、何が必要とお考えですか？」
Nさん「営業の数を増やすことと、新しい製品を開発することです」
コーチ「確かに大切なことですよね。他には、何かありますか？」
Nさん「そうですね。会社の無駄をなくして、コストを下げることです」
コーチ「あとは、どんなことがあるでしょうか？」
Nさん「あとは……管理職社員にがんばってもらうことです。自信がないから、部下を叱れない人もいます」
コーチ「それではNさんご自身ができることには、何がありますでしょうか？」

### ◼️ コーチの視点

**スライドアウトで相手が考えていなかったポイントを探る**

　ここでは、Nさんの発言をすぐに深掘りするのではなく、「他には、何かありますか？」のように、質問をスライドアウトしました（☞146頁）。質問に即答できる話は、クライアントが日ごろからそのことを考えている可能性があり、それまでの思考の繰り返しで終わってしまうことがあります。それでは現状を打開するようなコーチングの柱になる、新しい発想は生まれにくいからです。

　特にこの場合は、Nさんの行動という切り口がないので、最後の質問で「Nさん自身ができること」という切り口を明示してスライドアウトをし、コーチングの中心となる、Nさんが深く考えたことのない話題を引き出そうとしています。

Nさん「私はいまでも、大きな営業案件すべてに関わっていますし、部下を叱るべき場面では叱っています」
コーチ「さすがですね。では、いままでにお話をされた課題のすべてを解決するような、Nさんならではのアイデアはありますでしょうか？」

### 📢 コーチの視点

**相手が想定しない「力強い」質問で、コーチングの新しい展開をつくる**

　人は無意識のうちに思考の「枠」をつくって、その中で考える習慣がついています。Nさんの場合、営業の数を増やす対策はこれ、コストを下げる対策にはあれというように、1つの課題に対して、1つの対策しか思いつかないという思考自体が「枠」といえます。

　そこでコーチは、「課題のすべてを解決するようなアイデアはありませんか」と、即答できないような、力強い質問を投げかけてNさんの「枠」を壊し、新しい考えや行動のヒントが生まれることを期待しています。ですから、ここではNさんに、最高のアイデアを出すことではなく、これまでに考えたことがない思考の入り口に立ってもらうことを狙っています。

　場面や狙いこそ違いますが、「力強い」質問の例としては以下のようなものがあります。

- つきつめると、何が問題ですか？
- あなたが本当にしたいことは、何ですか？
- 3か月で解決するためには、何をしますか？
- 仮にあなたに責任があるとすれば、それは何ですか？
- あなたに求められる役割をひと言でいえば、何ですか？

Nさん「そんなアイデアが思いつけばよいのですが……」
コーチ「ここでは正解を考え出すことまで求めていないので、まずはどんなことでも、おっしゃってください」

Nさん「難しいですね。何かが私に足りないから、アイデアが出ないのでしょう。でも、何が足りないのか……」
コーチ「では、Nさんがモデルとするような社長には、何が備わっているとお考えでしょうか？」

> 🔈 **コーチの視点**
>
> **モデルを探し、自分と比較をさせる**
>
> 　業績不振の原因は社員だけでなく自分にもあると、Nさんは考えはじめています。しかし、自分に足りないことを考えても、答えは浮かばない様子です。そこで、まずはモデルとなる社長をイメージしながら、その人の特徴を挙げて、自分と比較するステップを踏むことにしました。なぜなら特徴とは、他の類似物との比較から浮き彫りになるからです。
>
> 　比較という発想でいえば、「他人からNさんは、どのような人として見られていますか？」という自分と他人の視点の比較や、成果を出している社長たちの特徴を集めたアセスメントで比較をさせる方法もあります。ここでモデルを探す手法を選んだのは、Nさんがもっている社長観を知ることが、今後のコーチングのヒントになると判断をしたからです。

Nさんが考える理想の社長には、以下の特徴があるそうです。

リーダーシップがある ／ 決断力がある ／ 大局観をもっている ／ 人脈がある ／ 実績をもっている ／ 話術がある ／ 体力がある

そして、ほとんどの項目で自信をもっているが、自分に欠けているのは話術と大局観の2つだと、Nさんはいいます。

コーチ「そうしますと、話術と大局観をもつことがテーマになると、お考

えですか？」
Nさん「確かに口下手は直したいですが、社長として大事なのはやはり大局観です。社長の大局観は、会社の経営に直結しますので」
コーチ「おっしゃるとおりですね。そうすると、大局観をもつこととお考えでしょうか？」
Nさん「はい。でも、ただ単に大局観をもつことではないですね。何かがひっかかります」
コーチ「何かがひっかかるのですか……。たとえば、他の言葉で大局観を表現すると、どういう言葉がありますでしょうか？」
Nさん「そうですね……。たとえば将来への展望……う〜ん。展望は会社の方向性なので、やはり描くだけが目的ではないです。社員皆に理解をしてもらわないと」
コーチ「なるほど。それではいまの話をふまえて、Nさんが取り組むべきテーマは何でしょうか？」
Nさん「やはり大局観をもって将来を描き、社員に理解をしてもらうことですね。そのために、リーダーシップを発揮することが課題だと思います」

### 📢 コーチの視点

**キーワードには質問を重ねて、クライアントの思考を明確にする**

　Nさんは社長に必要な要素として最初に「大局観」という言葉を挙げました。しかしコーチは、すぐにテーマを大局観にすることはせずに、丁寧に質問を重ねています。仮に大局観という言葉に引きずられて、大局観をもつことだけに話題を絞れば、「大局観をもってリーダーシップを発揮する」というNさんの想いとズレが生じて、リーダーシップ強化の視点が抜け落ちていたことでしょう。

　キーワードだからこそ丁寧に扱う必要があるのです。たとえばこの場合は、大局観を他の言葉で表現させています。言葉を置き換えることで、何気ない言葉の意味合いがはっきりし、一時的にストップした思考を再開させることができるからです。

そしてNさんのひっかかりが消えた段階で、「取り組むべきテーマは何ですか？」と、考えをまとめさせる質問をしたので、「大局観をもってリーダーシップを発揮する」という、Nさんにとって腹に落ちるテーマが見えてきました。

コーチ「それはどのようなリーダーシップか、具体的に教えていただけますでしょうか？」
Nさん「将来を予測し、会社のどこを強くするのかわかっていて、しかも私が先頭に立って社員を引っ張るリーダーシップです」
コーチ「なるほど。それでは、社員を引っ張るリーダーシップとは、どういうことでしょうか？」
Nさん「私の意見を社員に伝えて納得させ、そのうえで私も大きな営業案件すべてに関わって、彼らを引っ張っていきます」
コーチ「確認をしたいのですが、なぜ社員を引っ張るということと、大きな営業案件すべてに関わることが、イコールになるのでしょうか？」
Nさん「それは大きな案件を受注すれば、社員にもわかりやすいからです。社長もがんばっているなと。でもいわれてみると、必ずしも社長に必要な行動とはいえないですね」
コーチ「それでは、どうして営業という言葉が、自分は真っ先に思い浮かぶと思われますか？」
Nさん「私の働くスタイルだからかもしれません。これで成功してきましたし、習慣になっています」
コーチ「なるほど、習慣になっているわけですね。そうすると、Nさんの働くスタイルである営業と、大局観を意識した行動とのバランスはどうしましょうか？」
Nさん「それは……。やはり営業は行ないますが、大きな案件すべてに私が関わるというこだわりを捨てて、そのぶん社員に使う時間を増やします」

> 📣 **コーチの視点**
>
> **望ましくない習慣を無意識に続けていることに気づかせる**
>
> 　Ｎさんは社長になる前から、ご自身の営業力に誇りをもっていました。そして営業で成果を出す行動が習慣となり、社長となって求められる役割が変化しても、相変わらず営業マン時代の習慣を続けようとしていたのです。
>
> 　ここでコーチは、大きな営業案件に関わりたい理由を質問して、習慣を変えたくないというＮさんのあり方、「Presence」を扱ったのです（☞63頁）。
>
> 　もちろん「大きな営業案件に関わることにこだわっていますね」と、フィードバックだけでクライアントが気づくこともありますが、段階を踏んで質問すれば、無意識の習慣が望ましい行動ではないことに気づいて、納得しやすくなります。

コーチ「それではここで確認をしたいのですが、大局観をもって、その実現のためにリーダーシップを発揮するとは、どういうことでしょうか？」

Ｎさん「それは望ましい将来をイメージして、会社の強化ポイントをはっきりとさせ、それを社員に納得させて、具体的な行動を引き出すことです」

　それからＮさんは、考え込むように少し沈黙しました。そして、こういったのです。

Ｎさん「やはりこれは、ビジョンを掲げて、社員を動かすということですね」

> **コーチの視点**
>
> **唐突な印象を与える言葉には、その言葉にまつわる過去の思い入れがある**
>
> 　ここでビジョンという言葉が、やや唐突感のあるタイミングで出てきました。過去にビジョンという言葉を引き出す、何か「ひっかかり」のようなものがあったのではないでしょうか。なぜなら、人はものを考えるときに、自分の経験と照らし合わせて考えることがあるからです。その経験を知らない他人には唐突であっても、発言している本人には理由があるのです。
>
> 　まして「やはり」という言葉、あたかも自分の仮説が当たっていたという言葉まで添えています。そこで過去について聞いていきます。

コーチ「ビジョンを掲げて、社員を動かすこと……ですか。ところで、『やはり』とおっしゃった理由は、何でしょうか?」

　コーチの質問に対して、一瞬ですがNさんの表情が曇りました。

Nさん「実は過去に、会社のビジョンを掲げて、失敗をしたことがあります」
コーチ「失敗されたことがあったのですね。何があったのか、具体的に教えていただけますか?」

　社長就任時にNさんは、ビジョンを掲げて中長期計画を作成し、それに基づく売上目標をつくりました。しかし、社内への周知徹底のやり方が悪かったのか、ビジョンの内容があいまいだったのか、ビジョンはもちろん、中長期計画ですら社員は気にも留めず、唯一、社員が意識をしたのは売上目標だけだったそうです。
　しかもその売上目標は、多くの企業に見られるように、単なる目先のノ

ルマとして管理職を含めたほとんどの社員に受け取られ、達成しないと社内での立場が悪くなり、昇進が遅くなるという誤解も広がって、ひたすらノルマを達成することだけを社員は追い求めたのでした。

その結果として、自分のノルマ達成の邪魔になるので、同僚にもお客の情報は与えないという、社員同士で協力し合わない風土が社内にできあがったと、Nさんはいいます。

コーチ「そのときの失敗の原因は、どんなことだったのでしょうか？」
Nさん「それがよくわからないのです。ビジョンが不適切だったのか、中長期計画が悪かったのか、売上目標が厳しすぎたからなのか」
コーチ「いまのお話ですと、会社にビジョンを浸透させることについて、苦手意識のようなものがありますか？」
Nさん「いいえ、逆に再挑戦するいい機会かもしれません。前回の失敗をふまえて、ビジョンを会社に浸透させ、社員の行動を活性化させます」
コーチ「力強いお言葉ですね。それをコーチングのテーマにできますが、他に話したいことがあれば、そのお話をうかがってから、最終的なテーマを決めましょう」

するとNさんは即座に、こういいました。

Nさん「やはり私は、ビジョンを会社に浸透させ、社員たちの行動を活性化させたいと思います」
コーチ「それでは、社員たちがどんな言動をすれば、コーチングのゴールが達成できたことになるのでしょうか？」

コーチのこの質問に対して、Nさんから複数の候補が出てきました。それは、以下のようなものでした。

- Nさんがビジョンに基づいた経営をしていると、社員が認める状態
- 社員がビジョンを日常的に語っている状態

- ノルマより、ビジョンが社員たちの意識に強い状態
- ビジョンに基づいた新しいアイデアが、社員から発案されている状態
- ビジョンに基づいたアイデアだけではなく、新しい取り組みが社内で行なわれている状態
- ビジョンに基づいた組織体制の見直しが完了している状態
- ビジョンに基づいた新しいビジネスモデルができている状態

コーチ「どの候補をゴールとされますか？」
Nさん「すべてといいたいところですが、これらのアイデアは、実現しやすいものから、実現しにくいものまでありますね」
コーチ「確かにそうですね」

　しばらくの間、Nさんは書き出したゴールの候補を眺めて考えこみました。

Nさん「ビジョンに基づいた新しい取り組みが、社内で行なわれている状態にしたいと思います」
コーチ「どうして、それを選ばれたのですか？」
Nさん「せっかくのコーチングの機会ですから、難しいテーマにチャレンジしては、と思いましたが、ビジョンを描いて社内に浸透させ、新しいビジネスモデルの構築までをするのは、半年では現実的でないですし、下手に無理をすれば、組織に副作用が起きてしまいます」
コーチ「なるほど、そのようにお考えなのですね。それではビジョンに基づいた、新しい取り組みが社内で行なわれることは、実現しやすいゴールでしょうか？」
Nさん「いいえ。現状を考えると、それでも高いハードルです。ですが、実現できないとは思いません」
コーチ「わかりました。ぜひ、実現させましょう。ところで、そのゴールの達成を、何をもって測りましょうか？」
Nさん「たとえば新しい取り組みでも、幹部会議の議題に限れば、その質

　　　　は高いと思います。幹部会議の議題になる数ではダメでしょうか？」
コーチ「もちろん、大丈夫です。ところで、議題の数がいくつになれば、ゴールの達成といえるのでしょうか？」
Nさん「議題になるには管理職の承認が必要ですから、社員には厳しい条件だと思います。そういう意味で、ビジョンに基づく議題が3つあれば、ゴールの達成としたいと思います」

> 📢 **コーチの視点**
>
> **コーチングのゴールは、「ハードルは高いが、実現可能なレベル」が望ましい**
>
> 　コーチはゴールを設定するときに、いくつかのポイントを意識します。この「ハードルは高いが、実現可能なレベル」も、その1つです。他には、以下のポイントがあります（☞111頁）。
> - ゴール候補は、複数のアイデアから比較をしたうえで決める
> - ゴールの設定は、「しなければいけない」という外部基準ではなく、「したい」というクライアントの内部基準で設定する
> - ゴール達成を測る客観的な基準を設定する

　さらにコーチとNさんは、これから数回にわたるコーチング・セッションの全体像について、確認作業をはじめていきます。

- コーチングの期間は半年間とすること
- ゴールは、ビジョンに基づいた新しい取り組みが、社内で行なわれている状態となること
- その達成基準は、幹部会議の議題に3つ上がること
- 最初の1か月では、社員が認めるビジョンを描くこと
- 次の2か月間では、ビジョンを実践する中長期計画を作成すること
- そして次の2か月間では、ビジョンを社内に浸透させて、社員たちか

らアイデアが出る状態をつくること
- 最後の1か月で、幹部会議の議題になる取り組みが提案されていること
- コーチングの節目には、アンケート等で社員たちの声を聞くこと
- これらのプロセスのすべてにおいて問われるのは、Nさんのリーダーシップであること
- Nさんのリーダーシップ強化の会話が、コーチング・セッションでなされること

このように、コーチングの全体像が明確になってきました。

> **コーチの視点**
>
> **エバリュエーションプランは、コーチングの地図である**
>
> 　ゴールの設定ができれば、次にエバリュエーションプランを作成します。つまり、ゴールへ到達するための手順や、必要な知識とツール、途中の小さい目標や、そのための行動などの項目を決めるのです。
>
> 　コーチングではそれらの項目を1つひとつ、身につけたのか、達成したのかを確認しながら進んでいきます。
>
> 　これをあいまいにすると、コーチングの進捗を確認することも、軌道修正をすることもできず、コーチング・セッションが、行く先のわからない会話の積み重ねになりかねません。

コーチ「このゴールを達成したら、Nさんは何を手に入れることができるのでしょうか？」
Nさん「社長としての自信です。私の行動次第で社員からアイデアが出て、新しい取り組みがはじまるのですから」
コーチ「社長としての自信ですね。あとはそれ以外に、何かありますでしょうか？」
Nさん「リーダーシップ力です。ゴールを達成するための努力をするうち

に、リーダーシップ力がつくと私は思います」
コーチ「リーダーシップ力ですか。素晴らしいですね。私まで聞いていて、わくわくします。せっかくですから、もう少し教えてください。他には、何を手に入れることができますか？」
Nさん「社員たちとの心理的な距離が縮まり、仕事が楽しくなるかもしれません」
コーチ「仕事が楽しくなるのですね。あとは、他にありますか？」
Nさん「会社の業績が上向く土台をつくれると思います」
コーチ「ここまでお話をされてみて、どんなお気持ちでしょうか？」
Nさん「何としても、ゴールを達成したくなりました」

### 📢 コーチの視点

**ゴール後の成果をイメージする質問を繰り出して、やる気を高める**

　ゴールの設定や、エバリュエーションプランの作成ができたら、ゴールを達成したその「先」に見える光景をイメージさせます。そのイメージこそが、クライアントがコーチングで手にしたい成果です。その成果がはっきりと認識できれば、やる気も高まります。ここでは、スライドアウトをして、コーチングで手にしたい成果を、数多く考えてもらいました。数多くイメージができると、やる気も上がるという狙いがあります。

　コーチはNさんの言葉に強く同意してから、次の質問を投げかけます。

コーチ「会社のビジョンを描くには、何が必要でしょうか？」
Nさん「それはお客様のニーズがどこにあって、ライバル会社にはどんな強みがあるのかという情報です」
コーチ「確認したいのですが、それはビジョンを描くために、本当に必要な情報でしょうか？」
Nさん「どういう意味でしょうか？」

コーチ「失礼かもしれませんが、まるでマーケット戦略をつくるように、ビジョンを描こうとされていると、私には聞こえます」

　コーチのフィードバックに、Ｎさんは怪訝そうな表情です。そこでコーチは、以下の質問をＮさんにしました。

- 会社はなぜ設立されたのか
- 社会にどんな貢献をしてきたのか
- 会社の存在する意味を、どのように考えているのか
- お客様は会社をどのように見てきているのか

　それらの問いに対して、自信のない思いつきの考えしかＮさんは話すことができませんでした。

Ｎさん「会社のことは、わかっているつもりでした。でも、意外にわかっていないのですね」
コーチ「それでは基本に立ち返って、ビジョンを描く作業をはじめてみませんか？」
Ｎさん「わかりました。そこで知りたいのですが、ビジョンを描くポイントには、どのようなものがあるのでしょうか？」

　そこでコーチは、多くの社員が前向きに取り組めるようなビジョンを描くポイントを、Ｎさんに伝えました。

- ビジョンとは「こうしなければいけない」という理屈ではなく、「こうしたい」という意志や情熱であることが望ましい
- ビジョンが絵空事にならないヒントは、会社の歴史の中にあること
- ビジョンは社長も社員も賛同できるものであること
- 社長は誰よりも、そのビジョンを追い求めることができること

コーチ「私がお伝えしたことも参考にして、次回までにビジョンを描いて

きていただけますか？」
Nさん「わかりました。やってみます」
コーチ「それから、次回までにこの質問について考えてきてください。Nさんは、これまで会社の何を信じてきて、何を信じていくとお考えでしょうか？」

📢 コーチの視点

**セッションの最後で力強い質問を投げて、思考や行動を継続させる**

　ここでコーチは、相手の信条に触れる力強い質問をしました。コーチングは合理的に考えるプロセスが基本ですから、「信じる」という表現はあまりそぐわないのですが、社長であるNさんが会社の可能性を信じなくては、社員を惹きつけるビジョンは描けないという前提で、あえて「信じる」という表現をコーチは使いました。

　また、セッションの最後にこうした質問をすることで、次回のセッションまで引き続いてNさんは考え続けるだろうという狙いもあります。これはコーチングの3原則でいえば、「継続性」にあたります（☞84頁）。セッションの中で行なわれていることだけがコーチングではなく、セッションとセッションの間の思考や行動も含めて、コーチングは「継続」しているのです。

## ビジョンの設定

　ビジョンを描くという宿題をもらったNさんは、次のコーチング・セッションまでにビジョンを考え、幹部社員たちの意見も集めてきました。

Nさん「私はこのビジネスで、ナンバーワンの会社をつくり上げたいと考えています。実は創業者も、そういう思いをもっていました。できれば20年のうちに、その夢を実現させたいです」
コーチ「ナンバーワンの会社ですか。それは何のナンバーワンでしょう

201

　　　　か？」
Nさん「もちろん売上ナンバーワンの会社です」
コーチ「そのことについて、幹部社員の皆さんは、どのような意見を出さ
　　　　れたのでしょうか？」
Nさん「もちろん、彼らの反応はよかったです」
コーチ「反応はよかったのですね。彼らから、何か提案のようなものはあ
　　　　りましたか？」

　ところが、特に幹部社員からは提案がなかったそうです。そこでコーチ
は、Nさんに以下を伝えました。

- 売上ナンバーワンというビジョンは、わかりやすいこと
- しかしそのビジョンには、会社の特徴が反映されていないこと
- ビジョンに近づく道筋をイメージするには、抽象度が高いこと

Nさん「なるほど。そうすると、もっと会社の特徴を意識したほうがよい
　　　　わけですね」
コーチ「Nさんが同意をしてくださるのでしたら、ビジョンを見直してみ
　　　　ませんか？」
Nさん「そうですね。考え直してみます」
コーチ「ありがとうございます。もしよろしければ、まず御社の歴史を私
　　　　にも教えてください」

　そこでNさんはコーチに、会社の歴史を説明します。
　そもそもこの会社は、インターネットの今後の普及を考えて、パソコン
を一般の人たちにも使いやすいものにしようと、1990年代初頭に設立され
たこと。1990年代のパソコン普及期から現在に至るまで、マウスから無線
接続機器まで、一般消費者に使いやすいものを製品化して、販路を拡大
し、社会に貢献をしてきたこと。その後は、法人顧客も開拓して、安定し
た取引をしていること。

コーチ「その歴史をふまえて、次のセッションまでに、ビジョンを考え直していただけますか？」

🔊 **コーチの視点**

### ビジョンのヒントは過去にある

　会社のビジョンを描くときのヒントは歴史の中にあります。会社の歴史や特徴をひもとく質問には、以下のような切り口があります。
- お客様はいままで、どのような人や会社であったのか
- 社訓や社是は、どのようにしてつくられたのか
- 社員たちの入社、退社の動機には、どんな特徴があるのか

　ビジョンを考える切り口には、会社の得意分野や、心からやりたいと思える分野、マーケットの状況等もありますが、つまるところどの切り口でも、過去を振り返る作業が必要となってくるのです。

　次のコーチング・セッションの日が来ました。Ｎさんは少し緊張した面持ちで、考え、実践してきたことの説明をはじめます。
　会社の過去に対する認識を、幹部社員と共有することから、ビジョンづくりをはじめたこと、さすがに幹部社員たちは社歴が長く、会社の歴史や特徴について、Ｎさんとは違った意見が活発に出てきたこと。
　この前はビジョンについての感想を聞いても、軽く「いいですね」で終わっていたのに、会社の歴史という切り口にすると、真剣な反応が返ってきてＮさんには驚きだったこと。そして同時に、幹部社員たちの会社に対する思いを聞いて、自分自身の勉強にもなったこと。

Ｎさん「そこでビジョンですが、消費者の声からつくったオリジナル製品の売上を業界で一番にして、お客様の思いを実現する会社になることとしました」
コーチ「確かにそれなら会社設立の趣旨もふまえ、顧客ターゲットも消費

者に絞っているので、社員の意識を集中させやすいですね」

> **コーチの視点**
>
> **社員の力を結集するために、ビジョンで具体的なイメージをもたせる**
> 　Nさんが描いたビジョンは、単純に売上ナンバーワンではなく、消費者の声を取り入れた製品の売上ナンバーワンです。このビジョンからは消費者の目線で製品を提供して、若者からお年寄りまで、多くのお客様に喜ばれる会社を目指すという思いが見て取れます。おそらく社員たちも、消費者へのマーケティングを強化して、データを参考に開発するというイメージを共有しやすいでしょう。また、幹部社員の意見を事前に取り入れていることも、会社にビジョンを浸透させるための安心材料になっています。

コーチ「それでは、このビジョンを掲げることで、会社にはどんなメリットがあるのでしょうか？」
Nさん「まず会社の方向性を明確に示せますし、社員も消費者向けのアイデアを提案すればよいとわかるはずです。そして、やがては消費者向け製品の強い会社として、ブランドイメージが浸透すると思います」
コーチ「それは素晴らしいですね。ではNさんにとっては、どんなよいことがあるのでしょうか？」
Nさん「会社の方向性を示し、社内に浸透させることで、私のリーダーシップが強化されますし、社員からも認められると思います」
コーチ「それでは、何かデメリットはありますか？」
Nさん「消費者向けに力を入れても、法人向けの製品は安定していますし、実は消費者向けのアイデアの多くは、法人顧客にも使えると思いますので、影響は軽微だと思います」

> 📢 **コーチの視点**
>
> **メリットという切り口で、多角的にビジョンを検証する**
>
> 　Ｎさんが描いたビジョンから、会社やＮさんにとってのメリットを、まず考えてもらいました。他にも以下のような切り口があります。
> - 社員のメリット
> - 消費者のメリット
> - 取引先のメリット
>
> 　また、デメリットという切り口でビジョンを多角的に検証することも、忘れてはいけないことです。

　このように、コーチの質問に答えていくうちに、このビジョンなら社員はわかってくれるとの思いを、Ｎさんは強くしました。

Ｎさん「やはりこのビジョンで、今後はがんばっていこうと思います」
コーチ「では次のステップとしては、何をしようとお考えですか？」
Ｎさん「コーチングの計画どおりに、このビジョンを社員に理解してもらいます。そのために、このビジョンの魅力を社員に訴えます」
コーチ「説得力を増すために、どんな準備が必要でしょうか？」
Ｎさん「そうですね。自分なりの３か年計画を考えようかと思っています。そこまで考えれば、説得力をもってビジョンを社員に説明できるのではないでしょうか」

## 行動の実践

　次のコーチング・セッションで、Ｎさんは作成した３か年計画を説明してくれました。少なくとも３年後には、消費者の声を参考につくり出された製品が、製品全体の50％を占めないと、ビジョンの達成はおぼつかない。そのためには２年後には35％、１年後には現在の10％から20％にまで

引き上げたい。そして社員への啓蒙活動や、消費者向けマーケティング部の創設、モニターになる消費者の募集等、Ｎさんは年表に計画の実施タイミングを詳細に書き込んでいました。

コーチ「詳細まで計画を書き込んであって、Ｎさんの思いが伝わってくるようです」
Ｎさん「いえいえ。でも、実際に文字にしてみると、気が引き締まります。問題はこの計画を、いかに実行するのかですね」
コーチ「そのためにも提案ですが、社員にビジョンを提案する方法から考えてみませんか？」

そこで以下のような論点が、浮かび上がってきました。

- 社員はこのビジョンを聞いて、何を不安に感じるのか
- 社員にビジョンを伝える場は、どのように設定するのか
- どのような伝え方をすると、社員はビジョンを受け入れるのか
- ビジョンを提案したあとのフォローは、何をするとよいのか

これらの論点について、コーチング・セッションで扱っていくうちに、Ｎさんの行動が浮かんできます。

- 全社員を集めての集会を１週間後に開く
- そのときにビジョンを描く理由を説明する
- その集会での発表は、決定事項ではない
- 職場でビジョンについての意見を出し合ってもらう
- 職場の意見をもとにして、もう一度、幹部社員と議論をする
- 幹部社員と合意したビジョンは、社員の賛成が過半数で決定とする

Ｎさん「この社員集会は、私にとっては大勝負となりそうです」
コーチ「もしよろしければ、私がオブザーバーとして参加をして、ビデオカメラで録画をしたいのですが、よろしいですか？」

Nさん「最後列からなら、大丈夫です。社員も気にしないと思いますよ」

> 📢 **コーチの視点**
>
> **クライアントのPresenceを、ビデオで撮って修正する**
> 　社員集会の様子を撮る理由は、Nさんの社員へのコミュニケーションの取り方がわかると考えたからです。初対面のときの少し威圧感を与えるNさんの雰囲気や、口下手というNさん自身の認識が、コーチには気になっていました。Nさんに限らず社長は、社員から「社長は堂々と、わかりやすい言葉で、時にユーモアも交えて、自分たちに話してほしい」と期待されています。その期待に応えることも、リーダーシップの強化につながっていくのです。
> 　ちなみにビデオを使うことは、客観的事実を伝えるという意味で、コーチングにおけるフィードバックの方法の1つです（☞131頁）。

　社員集会の当日です。社員全員が業務を外れることはできないので、午前と午後の2回に分けて集会は行なわれます。まずは午前の部。Nさんは社員に話しかけます。ところが5分と経たないうちに、Nさんの口調は社員を説得する響きとなってきました。結果として、会社のビジョンを「一方的に」Nさんが社員に伝える場となったのです。

　午後の部がスタートする前に、コーチはNさんにコーチングをすることにしました。まずは撮影した映像をNさんに見てもらいます。Nさんはその映像を見て、ひと言もらしました。

Nさん「私がビジョンを、一方的に押しつけていますね」

　そこでコーチは、午後の部ではNさんの伝え方を変えることを提案します。しかし同じ失敗をしそうだと、Nさんには自信がありません。

コーチ「午前中の集会では、何を見て話されていたのですか？」

Nさん「眠そうな社員がいたので、彼らに聞かせてやろうと思いました」
コーチ「これはお願いですが、今度は頷いてくれる社員を探して、彼らに語りかけるように話してみてください」

> ◆≡ コーチの視点
>
> **自分の選択的知覚は、どこに向けられているのかを意識する**
>
> 　スピーチで陥りやすい失敗は、反応の薄い聴衆から、よい反応を引き出そうと、力が入って説得モードになることです。そうなると相手への威圧感が増し、場の雰囲気も重くなり、聴衆は話の内容に興味を失います。むしろ話を聞いている人に向けて話すと、相手の好意的な反応から自分の力みも減り、共感を呼ぶ話し方になりやすいものです。
> 　これは第１章で紹介した「選択的知覚」、人は関心をもつ対象によって、受け取る情報を変えてしまうことに起因しています（☞38頁）。つまり、社員はビジョンを受け入れてくれるのかという不安が、話に関心のない社員ばかりをNさんに意識させ、聴衆全体の反応までよくないと思わせていたのです。

　それからコーチは、映像を見ながら、Nさんの姿勢や声の調子をフィードバックします。それでもNさんはうまくやれる自信がありません。正直にそのことを伝えると、コーチはいいました。

コーチ「うまく話しているNさんを、まるで客席から見ているように何度もイメージをしてから、本番を迎えていただけますか？」

> ◆≡ コーチの視点
>
> **ディソシエーションやアソシエーションで、成功をイメージする**
>
> 　成功している自分を見ているという映像から、「できている自分」のイメージを膨らませ、自分はできるという自己説得にNさんが入る

ことを、コーチは狙っています。
　もう一人の自分が自分を見ている映像をイメージすることを「ディソシエーション」といい、自分の視野に入る映像だけをイメージすることは「アソシエーション」といいます。たとえば高校野球の選手が、甲子園のバッターボックスに立つ自分を、もう一人の自分が眺めているイメージがディソシエーションで、バッターボックスに立ってピッチャーだけを見ているイメージが、アソシエーションです。どちらも、ホームランを打つイメージを描けますが、ディソシエーションでは、自分を客観視して、まるでバッティングフォームを確認するかのようなイメージを描けますし、アソシエーションでは、実際にボールを打ち抜いて、その感触が手に残るようなイメージを描けます。

　午後の社員集会は、無事に終了しました。Ｎさんには硬さが見られたものの、午前と比べると社員たちの反応も悪くありません。コーチは、その様子をおさめたビデオをＮさんに見せます。

コーチ「今度のビデオでは、いかがですか？」
Ｎさん「押しつけがましい感じはなくなりましたね。説得するのではなく、理解を求める雰囲気が我ながら出せたようです」
コーチ「本当ですね。自分の見せ方の修正が早いですね」

### コーチの視点

**ハードルを越えたときは承認のチャンスである**
　難しいハードルを乗り越えたときが、成長を実感するタイミングです。ここで承認をして、やる気を引き出せば、今後も難しいハードルに挑戦する意欲をもち続けることができるでしょう。そこでコーチは、すぐに自分の見せ方がうまくなったこと、つまり自己修正能力が高いことを承認しています。

それからコーチは、自己修正能力が高いNさんが自分の見せ方を失敗してきたのは、自分を客観的に見ていなかったからで、今後は「自分を客観的に見ること」を習慣にする必要があると伝えました。Nさんが話に納得した様子を見て、コーチはNさんに提案をしました。

コーチ「オフィスの机に鏡を置いて、自分がどのような表情をしているのかを、頻繁に確認してもらえますか？」
Nさん「そこまでやるのですか……。わかりました」

> **📣 コーチの視点**
>
> **身近な鏡を使うことでも、自己客観視力を磨くことができる**
>
> 　自分を客観的に見ること、つまり自分をディソシエーションで見ることができる能力は、社長に限らず磨いておきたい能力の１つです。そこでコーチはオフィスの机に鏡を置いて、自分を客観的に見る練習をするように提案をしました。たとえば、思ったより厳しい表情でメールを書いていることや、首を少し右に傾けて座っていること、午前中より夕方の表情に疲れが表れていることなど、鏡を通してのフィードバックで、いままでは気づかなかった「自分」がわかります。
> 　自分を客観的に見ることは、実際に毎日の訓練を通して、習慣化することで習得できることなのです。

　次にコーチは、社員へのフォローについての質問をします。

コーチ「この集会で社員に伝えたNさんの思いを、さらに彼らに理解してもらうためには、何ができるのでしょうか？」
Nさん「次は、私の思いを文章にします。文字にしたほうが、社員たちも職場で議論しやすいでしょう」
コーチ「大賛成です。メールの文面を私にも見せていただけますか？」
Nさん「もちろんです。社員に見せる前にメールをしますので、フィード

バックをお願いします」

> **コーチの視点**
>
> **オートクラインは話すだけではなく、文章に書いても起こる**
>
> 　自分の考えを書き出すプロセスや、書いた文章そのものを見直すことで、自分の考えを深められますし、よいアイデアが浮かぶこともあります。言語化することで自分の考えが明確になる現象をオートクラインといいますが（☞76頁）、それは話すだけではなく、文章にすることでも起こるのです。

### コーチングの急展開

　その後、コーチからフィードバックを受けた文面を、Nさんはメールで全社員に送信して、職場で議論をしてもらいました。

　当然のことながら、社員たちの思いはさまざまです。自分の慣れた業務から経験のない業務に配置転換されるかもしれないと、不安をもつ社員も少なくありません。

「ビジョンを描くのはわかるが、私の業務はどうなるのか？」
「ビジョンを描いても、所詮はいままでどおりで何も変化しないよ」

　このような声が、間接的にNさんの耳にも入ってきます。

　コーチング・セッションでも、「自分には社員をまとめる力量がない」と嘆いたり、「何とかします」と語ったり、Nさんの心の葛藤が、そのまま言葉に表れることが続きました。そこでコーチは、社員アンケートの実施をNさんに提案します。

📢 **コーチの視点**

**コーチングの進捗がないときは、アンケートで客観的な情報を集める**

　コーチング・セッションで決めた行動をしても、成果を出すまでには長い道のりが続くこともあります。自分の行動は間違っているのか、どれほど現状に変化があるのかと、クライアントは必要以上に不安に感じるものです。そんなとき、コーチは現状を冷静に把握するために、アンケートの実施を提案することがあります。その結果から、自分の行動の修正ポイントが客観的にわかるからです。

　クライアントを苦しめるのは事実だけではなく、クライアントの主観的な思い込みや不安そのものが、苦しみの原因だったりもするのです。

　Nさんもアンケートの実施に同意をして、質問項目を作成しました。

- 提案されたビジョンの内容を、どう思うのか
- Nさんへの要望は何か
- よりよいビジョンのアイデアには、どのようなものがあるのか

　そして実際に、このアンケートを実施してみると、社員は必ずしもビジョンに反対していないことがわかりました。彼らが気にしているのは、新しいビジョンのもとで、自分の業務がどうなるのかということでした。さらには、ビジョンのアイデア欄に、具体的なビジョン案やNさんのビジョンへの修正案を書いている社員もいたのです。

　アンケートの結果を見てからのNさんは、精神的にも安定してきました。しかし社員の意見を取りまとめて、ビジョンに賛成をしてくれる職場は、まだありません。コーチはその後も、コーチング・セッションの合間に、Nさんとメールでやりとりをします。ビジョンについて、職場での議

論は進んでいるのか。社員たちの声は耳に入っているのか。Ｎさんの思いは、どのように変化しているのか。コーチはＮさんの思考にアンテナを立てて、情報交換をします。

### 📢 コーチの視点

**セッションとセッションの間でも、コーチングは継続される**

　状況に進展がないときにも、クライアントが諦めないように配慮をするのがコーチの仕事です。Ｎさんはアンケートで現状認識が深まって、心理的には安定していましたが、それでもまだ進展は見られません。そこでコーチは以下のような質問を、コーチング・セッションの合間に回数を分けてメールしました。

- 今日は誰とビジョンについて話しましたか？
- 明日は誰とビジョンについて話しますか？
- ビジョンに積極的な社員は、どの程度の割合ですか？
- ビジョンに消極的な社員は、どのような情報で考えを変えますか？
- ビジョンが各職場にどんな影響を与えますか？
- Ｎさんが力を最大限に発揮するのは、どんなときですか？
- Ｎさんの今日の元気度は、何％ですか？

　コーチングはセッションのときだけではなく、セッションの合間も、まさに「継続」しているのです（☞84頁）。

　そんなある日のコーチング・セッションで、Ｎさんからうれしい報告がありました。労働組合がビジョンに賛成をすると、伝えてきたそうです。これは各職場の賛同を得るきっかけになりそうです。なぜ組合は受け入れるようになったのかを、コーチはＮさんに質問しました。組合幹部と話す機会をこまめにもったことが大きな要因で、ミーティングの直前には、誠実に話せるように、いつも机の上の鏡で表情をチェックしたそうです。

これを機に、Nさんから自信のある言葉が数多く聞かれるようになりました。ビジョンへの賛同者が増えているようですし、ビジョン実現に向けたアイデアが社内で提案されるようになったそうです。そして、コーチングをはじめて2か月が経過したある日、Nさんはコーチにこういいました。

Nさん「おかげさまで、社員たちは最終的にビジョンを受け入れてくれました。すべての職場集会が賛成だったそうです」
コーチ「おめでとうございます。よかったです。ところで成功の原因は、何だとお考えですか？」

　Nさんはその要因をコーチに説明します。

- ビジョンを幹部社員と考えたので、彼らの協力を得られたこと
- 3か年計画を自分がしっかりと考え抜いて、自信になったこと
- 社員にビジョンのメリットを説明したうえで、一緒にこのビジョンを実現しようと訴え続けたこと
- 幹部や管理職社員と頻繁に会議をして、提案を受け入れたこと
- 社員一人ひとりが、想像以上に会社のことを考えていたこと

　それから最後に、自分の発言も芯の通った、ブレないものになった気がすると、Nさんはいいます。
　そこでコーチは、エバリュエーションプランの確認をすることにしました。プランには、最初の1か月で社員が認めるビジョンを描くとありましたが、すでに2か月を経過しています。これから、この遅れを取り戻さないといけません。

### ◀️ コーチの視点

**自己効力感が上がっているときに、次の課題を明確化する**
　Nさんは自分の行動やリーダーシップが、成果を引き出す要因にな

> ったと自信を深めています。つまり、自己効力感が上がっている状態です。
> 　そこでコーチは、いまがエバリュエーションプランを確認するタイミングと考えました。自己効力感の高い、このタイミングで、エバリュエーションプランに基づいて次のテーマを明確にすれば、「自分ならできる」という自信とやる気に満ちているので、積極的に取り組んでもらえます。

Nさん「これからは、中長期経営計画の委員会を設立します。その際に私の3か年計画をたたき台にして、ビジョンの実現にかかります」
コーチ「委員会ですか。面白そうですね。ちなみにNさんは、このビジョンで会社に、どんなよいことがあると思われますか？」

この質問に対してNさんは答えます。

- 目指すべき方向が明確になったので、会社で働く意味を社員は見出しやすい
- 会社が成長するイメージを社員が共有するので、実現に向けての自分の役割を考えるようになる
- ノルマでは自分の利益を優先するが、ビジョンでは会社の発展までを視野に入れて社員は考える

Nさん「最近思うのですが、ビジョンを背景にがんばれというのと、ノルマでがんばれというのでは、社員の反応がぜんぜん違いますね」
コーチ「どう違うのでしょうか？」
Nさん「ノルマは社員にやらされ感がありますが、ビジョンでは共感や理解が、彼らの言葉や話し方からも感じ取れます」
コーチ「ノンバーバルメッセージに表れるのですね。それにしても、最近は社員目線の言葉が多いですね」

> ### コーチの視点
>
> **Presenceの変化をフィードバックで気づかせる**
>
> 　ビジョンで人を動かすことと、ノルマで人を動かすことの違いに、Nさんは気づきました。いい換えれば、共感で人を動かすのと、強制で人を動かすことの違いといえるかもしれません。
> 　「社員目線の発言が多い」とフィードバックをしたのは、NさんのPresenceの変化をコーチは感じたからです。Nさんはいままでは、営業の成果で自分の能力を示して、その実績を背景に社員を動かしていたのですが、いまは鏡で自分の表情がどう見えるかをチェックしたり、社員たちは真剣に会社のことを考えていると発言をしたり、ノルマとビジョンの違いに意識を向けるなど、社員の目線からの言動が増えているのです。

Nさん「それは気がつきませんでした。でも実際に、社員ががんばっているからですよ」

コーチ「それだけが理由でしょうか?」

Nさん「そういえば、会社の歴史からビジョンを考えたとき、前よりも社員からたくさんの意見が出ました」

コーチ「会社の歴史からビジョンを考えたとき、ですか……」

Nさん「ええ、つまり私の聞き方の問題です。以前は社員の目線に立たず、彼らが話しやすい工夫もせず、私が聞きたいように聞いていました」

コーチ「いまのお話で一番おっしゃりたいことは、何でしょうか?」

Nさん「私の聞き方が変わったので社員もがんばるし、そのがんばりに私も気づくようになったということです」

> 📢 **コーチの視点**
>
> **相手の行動の変化は、自分の行動の変化で誘発する**
>
> 　自分の意見を押し付けて他人を変化させても、それは一時的な変化であって、やがては元の状態に戻ってしまうと思います。むしろ、自分を変化させることが、他人を変化させるよりも簡単かもしれません。コミュニケーションは相互関係ですので、この自分の変化が、相手の変化を誘発することもあるのです。
>
> 　相手が悪いという他責の発想が強いクライアントに、自分にも責任があるという自責の発想をもたせる狙いの１つは、実は自分が変化することで、相手の変化を誘発することなのです。

　そしてＮさんは、中長期経営計画の草案を考える委員会を招集して、中長期計画の作成や、ビジョンを具体化するための行動に、さっそく着手しました。

　そんなある日のコーチング・セッションで、Ｎさんはコーチに気づいたことがあるといいます。それは社員の実力をアップさせる視点が、いままでは足りなかったということでした。中長期の経営計画を練るときに、商品や業界の動向、世の中の流れに対する社員の知識の少なさを痛感し、このままではゴールとして設定した、幹部会議での３つの議題は出てこないと不安になったそうです。

コーチ「社員の知識不足について、何か対策をお考えですか？」
Ｎさん「まずは社内勉強会を立ち上げます。講師は私です。人材を育成しないと企業の明日はないのに、それを怠っていました」
コーチ「人を育てないリーダーシップは本物ではないという人がいますが、Ｎさんもそういう思いをもたれているのですね。もしよろしければ、コーチングの残りの期間は、このテーマを柱とするのはいかがでしょうか？」

第５章　コーチングのスキルと実践例

それ以降のNさんは、中長期経営計画を作成すること、社員を育てることに、多くの時間とエネルギーを費やしました。必要と思われる知識は、Nさんが講義をしたり、本を紹介したり、宿題を出したりして社員に勉強させ、ディスカッションの場も週に2回はもつようにしたのです。

Nさん「なかなか期待どおりに、人は成長をしないですね」
コーチ「おっしゃるとおりですね。でも、Nさんが社員にされていることは、コーチングですよね」
Nさん「いえいえ、コーチングと呼べるレベルではないと思います。ですが、答えを教えるのではなく、社員に考えさせるようには気をつけています」

### ■ コーチの視点

**コーチングを受けるメリットは、ゴール達成だけではない**

　社長や幹部社員、管理職社員にコーチングをするのですから、コーチはゴールの達成に全力を注ぎます。しかしその一方で、コーチングを受けることには、以下のようなゴール達成以外のメリットもあるのです。
- コーチング方法を学び、部下育成に活かせる
- 聞くことや質問のスキルを、商談にも活かせる
- コーチングの考え方を部下に伝えて、職場を活性化させる

　こんな会話の一方で、実は社員からの新しい製品やサービスのアイデアが提案されはじめていたのでした。そして、コーチングをはじめて5か月が過ぎたある日、幹部会議にビジョンに基づいた消費者向けの製品アイデアが出てきたと、Nさんからの報告がありました。

Nさん「パソコン付属品の新しい企画で、若い女性向けのデザインが提案されました」

コーチ「女性を意識したデザインの製品は、今回がはじめてでしょうか？」
Nさん「はい。いままでは実用性重視のデザインばかりでした」
コーチ「それでは、この流れを加速するために、何をされますか？」
Nさん「この企画が最終的に通ったら、社内広報メールで大々的に宣伝したいと思います」
コーチ「1つ提案ですが、企画が通らなくても、このアイデアが社員から出されたことを宣伝するのはいかがでしょう？」
Nさん「そうですね。企画が通らないと社内広報はできないと、思い込んでいました。確かによいアイデアは、どんどん社内に広めましょう」

### コーチの視点

**商品化しないアイデアでも、情報を共有することで提案者を承認する**

　ヒットしたり、商品化したり等の成果があるときだけではなく、挑戦したときや努力したときにも承認することは、その社員をやる気にさせるだけではなく、会社が社員に求めている行動が明確になるので、他の社員のやる気にも影響を与えます。承認が頻繁に起こる職場では、社員の望ましい行動に拍車がかかるものです。

### エンディング

　コーチングはその後もビジョンの具体化と、社員の教育を主軸にして行なわれ、いよいよ最終回のコーチング・セッションを残すのみとなりました。そこでコーチは、最終回を迎える前、コーチングの成果を検証するために、社員アンケートを実施しました。アンケートの質問項目は3つで、書き込み式としました。

- Nさんのリーダーシップについて、どのように思うのか
- 会社のビジョンについて、どのように思うのか

- 消費者向けの具体的な製品アイデアには、どんなものがあるのか

　そしてアンケートの集計が終わると、いよいよコーチングの最終セッションです。コーチの手元には、全社員に行なったアンケートの結果もあります。

コーチ「まずは、コーチング全体の感想を教えていただけますか？」
Nさん「最初はビジョンをうまく描けず、社員たちの反応も厳しくて、挫折しそうにもなりましたが、コーチングを続けてよかったです」
コーチ「ありがとうございます。コーチングを続けてよかったと思える理由を教えていただけますでしょうか？」

　Nさんは、以下のように答えていきます。

- ビジョンを浸透させるプロセスでの努力が、リーダーとしてのあり方を磨き、社員に社長として認知してもらえるきっかけとなった
- 社員とビジョンを共有することで、社内に一体感ができて、どの方向に向けてがんばるのかが明確になり、やる気を出す社員が増えた
- 社員の成長をサポートする重要性に気づくことができ、社員教育の体系づくりに着手した一方で、自分ができる社員教育を積極的に行なうようになった

📢 **コーチの視点**

**コーチングのエバリュエーションは、クライアントが行なう**

　コーチングのエバリュエーションは、クライアントがします。コーチング期間中に何を得て、何を得ていないのかを、自分の言葉で明確にすることで、コーチから総括を受けるよりも、自責で自分の言動を捉えることができます。そして、自分を客観的に総括することにより、今後の問題点が明らかとなり、以降の行動強化につながるのです。
　ちなみにエバリュエーションで確認するポイントは、以下のとおり

です。
- ゴールを達成できたのか
- 達成した理由、達成できなかった理由は、どのようなものか
- コーチングを通して何を実現したのか
- コーチングを通して何を学んだのか
- コーチングを通して、自分の考え方に変化はあったのか
- 今後の言動はどのようにするのか

コーチ「Nさんにとって、コーチングに意味があったとすれば、どんな意味だったのでしょうか？」
Nさん「私にとってのコーチングの意味は、リーダーシップが向上したことだと思います」

そういってNさんは、コーチングで気づいたことや学んだことをコーチに話しました。

- 会社経営を自分は甘く考えていたこと
- 相手の行動は自分が引き出していること
- 視野が狭くなったときは、自分を客観的に見るのが大切なこと
- 習慣化した行動を変えるには、意識的に毎日新しい行動を実践することと、他人からのフィードバックをもらうこと
- 部下の育成には、答えではなく考えさせる質問をすること
- 物事を考えるときには、自分の思考を文章にしてみること
- 周囲の人たちを活かすのがリーダーシップだということ

続いてコーチは、アンケートの結果をNさんに伝えました。社員の多くは、Nさんのリーダーシップは向上したと評価をして、ビジョンを描くことで会社のあり方を深く考えるようになったと答えていました。またビジョンがあることで、仕事の方向性が明確になり、自分のやる気によい影響

を与えたという社員が過半数を超えていました。

コーチ「この結果をどのようにご覧になりますか？」
Nさん「うれしいです。多くの社員が支持をしてくれています」
コーチ「私もそう思います。さすがはNさんですね。それでは、このアンケートから、何を読み取られますか？」
Nさん「不満のある社員の声を取りこんでいきます。ビジョンの取り組みは道半ばですから、やりたいことは山のようにあります」

　このようにNさんは、アンケートの結果を前向きに捉えています。そこで、コーチングのゴールが達成されたのかを確認します。

コーチ「教えていただきたいのですが、幹部会議での提案は、結局いくつになったのでしょうか？」
Nさん「実は一昨日、ビジョンをアピールする広告案が幹部会議に提案されました。でもそれを入れても、ゴール達成には1つ提案が足りませんでした」
コーチ「そのことについて、どのようにお考えですか？」
Nさん「ゴールの達成は無理でしたが、コーチングの前とあとで、社内の雰囲気は雲泥の差ですし、新しいアイデアは着実に出てきているので、個人的には満足しています」
コーチ「満足されているのですね。ちなみに点数でいえば、このコーチング全体に、何点をつけることができますか？」
Nさん「90点はつけることができます。残りの10点はゴールを達成できなかったことです」

### 📣 コーチの視点

**コーチングの満足度を点数化して、次の課題を明確にする**
　コーチング・エバリュエーションは、ゴールを達成したのか、行動は変化したのか、新しい知識や方法を学んだのか、物事を考える新し

い視点を得たのかについて、クライアントと確認をする作業です。
　そして同時に、コーチングを点数化して、クライアントの満足度合いを測り、満点に足りない要素の確認もします。満点に足りない要素にこそ、クライアントの今後の課題があります。

コーチ「あとで社員アンケートの結果を、ゆっくりとご覧になってください。幹部会議の議題になってもおかしくないアイデアがあると思いますよ」
Nさん「それらを加味すれば、コーチングのゴールは達成ですね」
コーチ「そうですね、といいたいところですが、そこは厳密にいきましょう。それにしても、Nさんの行動力は素晴らしかったです」
Nさん「ありがとうございます。でも不思議ですが、ビジョンを実現させるためと思うと、以前には躊躇していた行動も、躊躇しないで行なえました。それだけ追い詰められていたといえるのかもしれません」
コーチ「錦の御旗というか、ビジョンの御旗を立てたから、社長としての行動に軸ができて、たとえ批判があっても、迷いがなくなったということではないでしょうか？」
Nさん「そうですね。皆が認めたビジョンのためだという、心の支えがありました」

### 📢 コーチの視点

**ビジョンが明確になれば、行動の軸が定まり、言動にも迷いがなくなる**

　人は行動の軸ができると、要らぬ躊躇をすることなく行動できます。軸のない場合は、自分の主観に全面的に頼るので、その時々で判断にブレが出たり迷いが生じたりして、動きが鈍くなるものです。
　そして行動の軸となるのは、やはりビジョンではないでしょうか。

> 特に組織のビジョンや、社会的な背景をもつビジョン、たとえば「環境にやさしい社会をつくる」等を行動の軸にすると、他人から批判されたときでも、利己的な行動ではないと自信をもつことができ、ビジョンを達成させようという意欲は消えないものです。

　こうしてＮさんのコーチングは終了しました。当初のゴールである「幹部会議での議題になる提案が、社員から３つ提出される」ことに到達はしていませんが、出会ったときとは別人のようなＮさんの表情の明るさが、コーチに達成感を与えたのでした。

# 第6章

# 組織へのコーチング

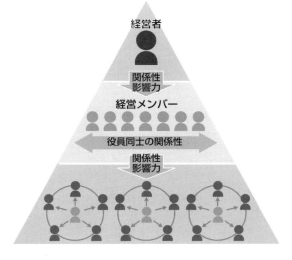

日本では、2000年初頭からリーダーシップやマネジメントの手法として多くの企業が管理職を対象とした「コーチング研修」を導入しました。
　その後、経営トップを含むエグゼクティブ層が1対1のコーチをつけるエグゼクティブ・コーチングが広まります。
　さらに、「組織開発」のためにコーチングを導入し、経営チームの一体化や組織内外のつながり強化に取り組む企業が増えています。

❖ 「組織開発」の具体的なテーマ ❖

- 経営理念の浸透
- 組織風土の変革
- 自律型組織の醸成
- イノベーションを起こす組織づくり
- 部門間連携の促進と縦割り組織からの脱却
- M&A後の統合プロセス（PMI；Post Merger Integration）
- 海外拠点の現地化推進

## 組織全体に働きかける「システミック・コーチング」

　「組織開発」を目的としたコーチングでは、組織のトップを巻き込みながら組織に所属する人々の行動やコミュニケーション、部門間の関係性を変え、組織全体にその効果を浸透させていきます。
　こうした組織全体の開発を行なうコーチングを「システミック・コーチング™」とコーチ・エィでは呼んでいます。以下、簡単に、コーチ・エィが実施しているシステミック・コーチングの構成や流れを紹介しておきます。
　まず、組織全体が変革するときのキーパーソンは、影響力の強い社長をはじめ経営を担うエグゼクティブ層です。そのため多くの組織開発のプロジェクトでは、エグゼクティブ層への「エグゼクティブ・コーチング」からスタートします。エグゼクティブ層へのコーチングによって経営チームが理想とする「組織の状態」とその先に実現したいビジネス・インパクト

を明確にしていきますが、これができるか否かが、プロジェクトの成否を大きく左右するともいえます。

　経営チームの足並みが揃ったところで、次に、組織の中でハブとなる現場リーダーに対してコーチングスキルのトレーニングを行ない、スキルを身につけた現場リーダーが各自5名程度の社員に対して、少なくとも半年以上にわたり定期的かつ継続的なコーチングを実施します。なお、各リーダーがコーチングを行なう対象は、部下やプロジェクトメンバーだけでなく、業務上関わりのない他部門の社員を含むことがあり、実際にどのようにメンバーを選ぶかはシステミック・コーチングを導入する目的にあわせて決定します。

❖ システミック・コーチングの構図 ❖

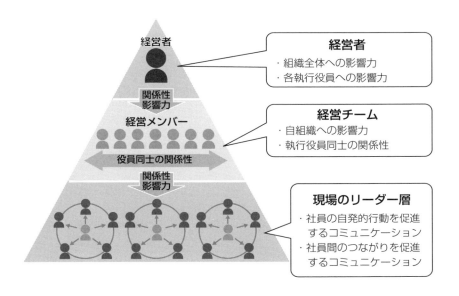

### ❖ 各階層のコーチング・テーマ ❖

「組織にビジネス・インパクト」を起こすことに向けた、コーチングのテーマ例

＜エグゼクティブ層＞
- 経営者の経営の質とスピードの向上
- 経営理念の浸透度向上
- 次世代経営者の開発
- 次期経営者への事業承継
- 新任経営者の早期戦力化、定着化
- 新たに経営層に昇格した人材の早期戦力化、役割マッチング
- コーポレートガバナンスの強化
- M&A後の統合変革

＜リーダー層＞
- 管理職層のマネジメント力向上
- 部下育成のマインド醸成
- 次世代リーダーの開発

　こうした構造の下、リーダー層が組織員に問いかけ、対話の量を増やすことで、組織全体が理想とする組織の状態の実現に向けて自発的な行動を起こしていきます。その結果、プロジェクトの進展速度が高まったり、組織内に新たな連鎖構造が構築されたり、組織風土が改善したりするなど、さまざまな変化が生まれていきます。
　コーチングによる組織開発は、企業のみならず、研究機関や医療機関、スポーツ組織、教育機関、官公庁、自治体など、さまざまな分野でも導入されています。

## 組織開発型のコーチングにおける「リサーチ」と「効果測定」

前章までに個人に対するコーチングにおいて、フィードバックアンケートなどのリサーチを実施することを紹介しました。組織開発のプロジェクトでも、リサーチは欠かせません。アンケートやインタビューなどにより、定量・定性の両側面のさまざまなデータを収集し、組織の状態やリーダーシップ力などを明確にします。

プロジェクトのスタート前、期間中、終了後などに定期的にリサーチを行なうことで、プロジェクトの進捗状況を確認し、軌道修正しながら組織の目標を達成していきます。

効果測定では、次のような5つのレベルのフェーズにわけて、効果を明確にします。

### ❖ システミック・コーチングの5つのフェーズ ❖

| リーダー開発 | | メンバー開発 | 組織開発 | 業績向上 |
|---|---|---|---|---|
| **Level 1**<br>リーダー自身が認識した「主観的な」コーチング効果 | **Level 2**<br>周囲が認識したリーダーの行動変化 | **Level 3**<br>周囲の部下やコーチング対象者の変化 | **Level 4**<br>組織の変化 | **Level 5**<br>KPIなどへのビジネス・インパクト |
| リーダーの意識の変化 | リーダーの行動の変化 | 部下やコーチング対象者の変化 | 組織の変化 | 経営指標の変化 |
| ・目標が明確になった<br>・「聞く」重要性に気づけた<br>・フィードバックを受け取れるようになった<br>など | ・部下と実際に対話の時間を取るようになった<br>・話を最後まで「聞く」ようになった<br>・成長や変化に気づいて伝えるようになった<br>など | ・部下のほうから自発的に提案してくるようになった<br>・ネガティブな情報でも報告をするようになった<br>・モチベーションが高まった<br>など | ・社員が総じて自ら考え行動するようになってきた<br>・情報共有が増えた<br>・組織全体で部門横断型のコミュニケーションが増えた<br>など | ・受注が増加した<br>・離職率が低下した<br>・残業時間が低減した<br>・特許申請数が増えた<br>など |

第6章 組織へのコーチング

## 目的にあわせた導入方法が必要

　組織開発のプロジェクトといっても、コーチングを導入する目的はさまざまです。導入目的や組織の特徴にあわせて、導入方法を適宜設計する必要があります。次項から、次の４つの事例を紹介します。

①経営メンバー間のコミュニケーションの状態を可視化し、一体化に向けて取り組んだケース
②ベンチャー企業の社長が、組織の受け身な体質から脱却するために導入したケース
③管理職が現場でコーチングスキルを活用したケース
④イノベーションの創出に向け、部門を越えた対話を醸成したケース

　すべて実際の事例ですが、組織を特定できないよう、名称と内容を一部変更してあります。

## 6-1 コミュニケーションを可視化して経営チームの一体化に取り組んだケース
部門間のつながりが向上し、業績がポジティブに変化

　企業価値向上に向け、エグゼクティブ・コーチングを導入する企業が増えています。

　ここでは、経営メンバー全員にエグゼクティブコーチをつけ、取締役会や経営チームの機能状況を診断し、チームとしての活性度や役員間のコミュニケーションの状態を測定、「経営チームの一体化」に取り組むことでガバナンスを強化した企業をご紹介します。

### コーチング導入の背景

　専門小売の社長Aさんは、独自のビジョン、経営手法で知られる経営者でした。創業来、企業は急成長を遂げ、Aさん自身もカリスマ社長として注目を浴びていました。

　業績は堅調で成長軌道に乗りながら、業界全体の先行きへの危機感を背景に自身の引退を視野に入れ、世代交代を控えた経営層を強化する必要性を感じていました。

### プロジェクト設計

　「自分の引退後も業績を上げ続ける土台をつくりたい」というA社長からコーチ・エィに相談が持ち掛けられ、数回の面会の場をもつこととなりました。その面会の中で、

- 業績を上げ続けるために、どんな組織をつくりたいのか？
- 業績を上げ続ける組織とは、どんな行動をする社員で溢れているのか？
- 理想の組織をつくるために、いま本当に変わらなければならない人たちは誰か？

といった質問を繰り返すうちに、成功のカギは役員同士の一体感による「部門間の連携」と「その実現に経営陣が本気で取り組むこと」にあることが明らかになってきました。

## 取り組み内容

【基本方針】
- 経営陣一人ひとりのさらなるリーダーシップ向上
- 経営チームとしての一体感や連携の向上

【実施内容】
- A社長を含む10名超の役員一人ひとりにエグゼクティブコーチをつけ、1対1のコーチングを行なう
- 経営チームの「つながり」を、役員同士のコミュニケーションの状態について定量的に測定・分析することによって可視化する。具体的には、「各自の業務の範囲を越えて率直に意見をいい合っている」「互いに信頼し合っている」といった40項目からなるアンケートを定期的に実施し、その変化を見る

### ❖ 経営チームのつながりの様子を可視化した図 ❖

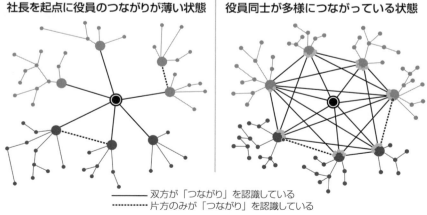

資料：コーチング研究所

## 1年後の成果

経営チーム全員にエグゼクティブコーチがついて1年後には、次のような変化が見られ始めました。

- 役員一人ひとりのコミュニケーションする相手の数が増加した
- 一方的な情報共有でない、双方向の対話が増加した
- 役員会で、企業価値向上に向けて建設的な議論ができるようになった

経営チーム全体のコミュニケーションの変化は、経営チームメンバー相互の信頼関係をさらに高めることになりました。それにより、経営メンバー間で日常的に意思確認が進み、各人の判断基準の相互理解が進むことで方向性や戦略の認識が合い、経営判断や実行スピードが加速しました。

上層部の連携が進んだことは、下部組織である部門間の交流にも影響を与えました。具体的な事例として、営業部門の中では部を越えたミーティングが行なわれるようになり、情報の共有化が促進された結果、業績に対するポジティブな変化が生まれました。

## 経営チームの強化につながるエグゼクティブ・コーチングとは？

A社のエグエクティブ・コーチングが、経営チームとしての成果を生み出すことに成功した肝とは何だったのでしょうか。

「あなたは何を実現したいのか？」

「それはなぜなのか？」

「それを誰と一緒に実現するのか？」

A社のエグゼクティブ・コーチングでは、このような質問をきっかけに、経営メンバーが、周囲の関係者たちとどのような関係を築き、組織として目指す状態を実現するのかを、コーチングのテーマの中心に置きました。目まぐるしく変わる経営環境に忙殺され、目先の業績や組織運営のことで頭がいっぱいの経営メンバーは、これらのテーマについてなかなか時間をかけて真剣に考える機会をもてていないことも明らかになりました。

A社長とのエグゼクティブ・コーチングでは、特に意識して「A社長が将来、本当に実現したい世界」をコーチが聞き続けました。企業ビジョンを超えた先にある、A社長が本当に手に入れたい「夢」についてです。「企業ビジョン」と「個人の夢」の間に意味づけができると、人は高い行動力を発揮するからです。

　A社長は、理想の経営チームの状態を明らかにしていく中で、いま、自分が周囲の人たちに及ぼす影響力が強すぎることに気づきました。そして、役員一人ひとりとの関係をどのように変えていくのかを軸に、次のようなことを考え続けました。

- 後継育成に向けて、自分は何をやめるのか？
- 経営陣が発言しやすい状態をつくるために、自分は何をするのか？
- 本当に、実現したいことは何なのか？
- さらに、その先に何を手にしたいのか？

## エグゼクティブ・コーチングの次の取り組み

　業界の風雲児として業界初のチャレンジを続けるこの企業は、A社長の下、経営チームの一層のパフォーマンス向上を目指し、エグゼクティブ・コーチングを継続。さらに、現場に近いリーダー層が部下や周囲とより深く広くコミュニケーションし、速いスピードで業績向上が図れるよう1対1のコーチをつけ始めました。

　雲の上の存在であったA社長の変化は、リーダー層にも刺激を与えました。A社の「指示命令型」のコミュニケーションが主流を占めていた組織の中で「双方向の対話」の量が確実に増え続けています。双方向の対話の増加は、その先で必ず業績へのポジティブなインパクトにつながるとA社の経営メンバーは確信しています。

　大きな転換期を迎えている組織にまず必要なのは、トップエグゼクティブ自身の変化なのかもしれません。

# 新社長へのエグゼクティブ・コーチングで組織の受け身な体質からの脱却と黒字回復を達成したケース

ITベンチャーのトランジション・コーチング

　２つ目の事例は、赤字転落していたITベンチャー企業の新社長にエグゼクティブコーチがついた結果、社長自身および経営陣同士の関係性に変化が起き、最終的に業績の黒字化に成功したケースです。

## コーチング導入の背景

　B社は、初代創業社長Hさんの強いリーダーシップのもと、創業以来10年連続の売上利益成長を実現。Hさんと重要取引先社長との信頼関係により、重要取引先から潤沢な発注を得てきました。

　お客様からの細かな要求への対応力が強みのB社は、現場社員が非常に真面目で、堅実に仕事をする職人気質にあふれた社風でした。しかし、創業10年目に大きな問題を出してしまうこととなりました。それは、過去に納品したシステムに大規模トラブルが発生し取引先を操業停止にしてしまう深刻な事態でした。

　莫大な補償を行なう事態を避けるため、社員は全社総動員体制でトラブル対応にあたりました。幸いにも補償問題は現実化しませんでしたが、この件以来さまざまなトラブルが重なったことで、重要取引先がB社への委託を取りやめ、その影響によりB社は12年目にして初の赤字に転落しました。責任を取る形でHさんは社長から代表権のない会長になり、２代目の社長として顧客対応やプロジェクトマネジメントで数々の火事場を乗り越えてきた営業本部長Yさんを抜擢しました。

　Yさんが社長就任後すぐに行なった重要取引先全社の社長との面会や、管理職全員との個別面談から見えてきたのは、お客様からの度重なる要望にも遅々として対応しない現場社員や、隣の部署で大きな問題が起きても見てみぬふりをする職場風土でした。Yさんが社長に就任してから半年後、コーチ・エィにYさん自身から「社長である自分にコーチをつけ、組織の

見える化を図りたい。そして、組織風土改革と業績回復を同時に行ないたい」という相談が持ち掛けられました。

## プロジェクト設計

Y社長、エグゼクティブコーチ、組織調査の専門家であるリサーチャーの3名で面談を重ねた結果、プロジェクトの基本設計が次のとおりに決まりました。

- 目的：初年度の業績黒字化と3年目における成長軌道への復帰
- 目標：主体的に難題に挑戦し、担当外の業務にも積極的に協力し合う組織風土づくり
- 期間：3年間
- 方法：社長へのエグゼクティブ・コーチング（テーマは、ビジョンや経営戦略の明確化と、ビジョンを実現するリーダーシップの開発）
- 進捗・成果の測定方法：全社組織サーベイ、社長のリーダーシップアセスメント、キーパーソンへのインタビュー調査を毎年1回実施
- 主要関係者：Y社長、社長室室長、取締役3名、コーチ・エィのエグゼクティブコーチおよびリサーチャー

## 取り組み内容

1．リサーチ
①全社員を対象としたアンケートと幹部社員へのインタビュー調査
②最重要取引先社長には、Y社長自身がヒアリング

上記リサーチにて「業績を高めるための組織の理想の状態」「理想の組織に向けて、Y社長が変わるべき点は何か」「Y社長の強みは何か」などについて情報収集した結果、次のようなことが明らかになりました。

【顧客の声】
- 対応が遅い
- 受け身な姿勢
- 難題を避ける傾向

【現場社員の状態】
- 計画や目標、方針が腑に落ちていない
- 仕事にやらされ感
- 長引くトラブル対応による疲弊感
- 部門間のコミュニケーションミスの多さ
- 先行きの不透明感

【役員の状態】
- 現場社員の不満と社長の独断による企画や意思決定の狭間にあり、板ばさみで動けない

## 2. 社長へのエグゼクティブ・コーチング

リサーチと数回のセッションを通じて、Yさんの業績向上に向けたコーチングの大目的と目標は次のとおりとなりました。

- 目的：社員一人ひとりが働く目的を明らかにし、能動的に顧客対応をし、お客様に名指しでリピートしてもらえる会社にする
- 目標：3年間の取り組みを通じて、次の2つのポイントについて、毎年アンケート調査を実施し、指数を高めていくことを目標とする（エグゼクティブ・コーチング開始直前のリサーチで7点満点中4点台だったスコアを、3年後には、6点以上にする）
  ポイント1：「私は自分の頭で考えながら、お客様のために難題に挑戦している」
  ポイント2：「私はお客様への俊敏で充実した対応のため、周囲と領域を越えて協力している」

## コーチングによる変化

【社長の意識変化】
- 社員が自分の言動を常に気にし、指示待ち体質になっていることを認識
- 経営ビジョンや計画、方針、各種定例会議など、さまざまな制度や仕

組みが幹部の受け身な体質を助長していることへの気づき
- 雄弁にビジョンを語り、指示を出し続けるスタイルを変えることを決意

【社長の行動の変化】
- 会社の存在目的や経営ビジョンについて、幹部とゼロベースで議論しながらつくり直すスタイルに切り替えた
- 会議の場では、まず幹部に考える時間を与え、意見をいってもらうことを徹底
- 自分の考えは、最後に伝えるようにした

【幹部への影響】
- 経営ビジョンの策定にはじめて関わることに面食らいつつも、合宿や会議を重ねるにつれて幹部社員同士が意見を言い始めるようになった
- コーチング開始から3か月目には、「幹部の声」の入ったビジョンが策定された
- その後、策定されたビジョンに沿って、幹部主導で経営計画や方針、社内の制度改革などが議論されるようになった
- 社長への提案が出始めた

【施策実施による顧客・社員への影響】
- Y社長自身の行動変容に端を発し、1年目で役員が能動的な提案を行なうように変化
- 2年目には部課長が変化、3年目には現場社員に変化が起きていった

## エグゼクティブ・コーチングによる成果

3年間にわたるエグゼクティブ・コーチングの成果は次のとおり。

**成果①：財務的成果** 営業利益1億円以上の増加と黒字回復を達成

**成果②：組織の変化** 組織風土改革の2つの柱であったポイントで定量的な

**改善**
- Q1「あなたは、お客様の期待に答えるべく、主体的に難しい仕事に挑戦していますか？」

→83％が、3年前と比較して「挑戦姿勢は増した」と回答し、7点満点中、平均6.1点のスコアとなった

- Q2「あなたは、担当業務以外で周囲で困っている社員がいたら迅速に支援していますか？」

→79％が、3年前と比較して、「協力姿勢が増した」と回答し、7点満点中、平均6.2点のスコアとなった

**成果③：リーダー（Y社長）の変化と社員への影響についての自由コメント**
- 先頭に立ち走り回るスタイルから、幹部に任せ、定期的に幹部と話すようになった
- 結果ばかりを追求するのでなく、評価制度改革や合宿開催など、成果や変化を生み出すための支援をいただけたのがよかった
- 目の前の業務の話題だけでなく、私の将来のことやキャリアのことを気にかけてくれるようになった
- いろいろなことを問い掛けてくるようになり、こちらの意見や思いをすごく訊いて下さるようになった

### お客様から届いた感謝状

　新任社長へのエグゼクティブ・コーチングがスタートして3年目には、ある重要取引先社長から「現場社員が一歩先を読んだ提案や対応をしてくれるようになってきた」というコメントをいただくようになりました。
　そして、前社長時代に起きた数年前の大トラブルを帳消しにする功績があったと、感謝状を贈られることにもなりました。
　営業利益が1億円以上向上し、黒字転換はもちろんのこと、継続的な成長路線の土台づくりが完成し、同社は今なお、成長を続けています。

## 6-3 管理職が現場でコミュニケーション変革に活用したケース

現場リーダーのコーチングで業務改善、技術力向上、残業時間削減を実現

　大手製造業C社で、ある事業部門が数年にわたり組織全体にシステミック・コーチングの構造を導入したケースをご紹介します。
　このC社では、トップである事業部門長と、組織の中核を担う部長・課長層の「部下とのコミュニケーション力」を高めることで、部門全体の風土を変え、「業務効率化」や「残業時間の削減」、「クレーム対応のスピード化」などを実現しました。

### コーチング導入の背景

　ものづくりの現場では、良い製品を生み出すだけでなく、生産効率やコスト、不良品率の指標を改善することが大きなテーマです。
　高い生産技術力と最適生産体制を誇りながら、コスト削減に苦心していた事業部門長のMさんは、「組織内のコミュニケーション」がその要因の1つだと仮説を立て、コーチ・エィに連絡をしてきました。

- 営業・設計・製造など、「部門間で生じる主従関係の意識」
- 部門内部の「階層間におけるコミュニケーションミス」
- 本社と海外など、「地域間におけるコミュニケーションロス」

など、組織全体のコミュニケーションを変化させることを強く望んでいました。
　Mさんとコーチは何度も面会を重ね、以下の問いを間に置きながらディスカッションを行ない、コミュニケーションのあり方について理想のイメージを共有しつつ、プロジェクトの設計を行ないました。

【プロジェクト設計時における問い】
- 部門間でどのように情報が流れると業務が効率化されるのか？
- 良い製品をつくるために、上司と部下がお互いにどんな質問をし合えるとよいのか？
- どれくらいの頻度で上司と部下がコミュニケーションしていると失敗が減るのか？

　ディスカッションを繰り返した結果、上司と部下の間のコミュニケーションにおいて現場で散見されるさまざまな象徴的な現象がコスト削減を阻害する大きな要因となっているのでは、という仮説にたどり着きました。

【現場で起きている象徴的な現象】
- 指示待ち社員が増加している
- 上司や周囲に質問せず、勝手な思い込みによるミスが増えている
- 質問のないことを「部下は理解している」と上司が誤解して仕事を進めてしまう

　このような状況が、多額のコストを発生させていると同時に、組織全体の「自ら考えて行動する力」を奪い、イノベーションの創出を阻害しているのであれば、コミュニケーションを変えることで風土を変え、その先にコストの削減を実現しよう。そして「事業部門で最も影響力のあるトップ層自らコミュニケーションの変革を行なう」ことを大方針とし、事業部門長自らがプロジェクトオーナーとなり、組織の上位層から組織変革に着手しようという決断がなされました。このときに決まったプロジェクトの基本方針をまとめると、以下のようになります。

【プロジェクトの基本方針】
- コミュニケーション（対話）のできるリーダーを増やす（開発する）ことにより、風土全体を変えるプロジェクトにする
- トップ層自らプロジェクトに参加し、参加メンバーが自ら変化することで成果を出す

- 風土変革に向けて、最低5年は継続する

## プロジェクトの概要

　このプロジェクトのオーナーとなった事業部門長は変革の成功＝プロジェクトの成功をゴールに掲げ、エグゼクティブ・コーチングを受けることになりました。事業部門長にはコーチ・エィのリサーチチームが実施した組織調査の結果について、プロジェクトマネジメントチームを通じて定期的に報告が届けられます。事業部門長は、その報告結果をエグゼクティブ・コーチングに持ち込んで、事業部門長として組織への発信や関わり方をどのように変えていくことがプロジェクトの成功につながるのかをテーマにセッションを受け続けました。

　さらに、コミュニケーションができるリーダーを増やすべく、約100人の部長・課長層にプロのコーチをつけ、部下や周囲とのコミュニケーションに変化を起こす取り組みも同時進行で行なわれました。この約100人の部長・課長層はコーチングを受けながらコーチングのスキルを身につけるためのトレーニングにも参加し、半年以上にわたり、5名以上の部下に対して2週間に一度、コーチングを行なうことに取り組みました。

### ❖ プロジェクト体制と各メンバーの役割 ❖

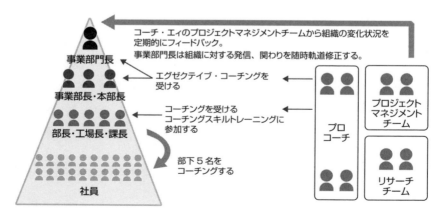

## 事業部門長への報告に使われた組織調査の概要

　プロジェクトの進捗と成果を測る指標として「会議では、お互いに本音で意見をいい合っている」「毎日仕事を楽しんでしている」「周囲の人にいつでも相談できる」など、アンケート10項目を設定。5年間にわたり、定期的に事業部門の組織員全員にアンケートを実施して自己評価および他者評価の回答を集め、その集計結果の数値の変動（向上）をプロジェクトの成果（評価基準）とし、その結果が定期的に事業部門長へと報告されました。

## プロジェクト1年目～2年目の成果

　本章の冒頭にご紹介した効果測定の5つのフェーズ（☞229頁）に沿って整理すると、C社のプロジェクトによって得られた成果には次のようなものがありました。

### LEVEL1　上司の意識の変化（上司自身が認識した「主観的な」コーチング効果）

- 上司が部下に合わせたコミュニケーションを取るようになった
- 上司と部下の1対1の会話が増えた
- 上司の周囲への情報発信が増えたり、働きかけを行なうようになった
- 上司と部下の間の相互理解が深まった

### LEVEL2　上司の行動の変化（部下が認識した上司の行動変化）

- 部下とのコミュニケーション量が増えた
- 部下とのコミュニケーションの頻度が上がった
- 部下の話を最後まで聞くようになった
- 部下が自ら考えて行動するような質問をするようになった
- 部下を正しい方向に導くのではなく、正しい方向を探り出せる力をつけさせることに力点を置くようになった

第6章　組織へのコーチング

LEVEL3　部下やコーチング対象者の変化（部下やコーチング対象者が認識した「主観的な」変化）
- 新しい挑戦への躊躇がなくなった
- 積極的な情報発信が増えた
- 権限移譲が進んだ
- 仕事の進め方や仕事のアプローチ方法の共有化が進んだ

LEVEL4　組織の変化
- 他部署、他グループとの合同ミーティングを新設し、情報交換するようになった
- 部門間連携に向けた協調やシステム改善が始まった
- やりがいを持って取り組む人が周囲に増えた
- 会議が「報告型・指示型」から「議題を持ちより、議論する形」に変化した
- 若手社員が自発的に勉強して提案や発信をするようになった

LEVEL5　経営指標の変化
- 業務目標に対する意識の高まりにより、受注精度が向上した
- ４部門が連携することで、クレーム処理時間が３分の１になった
- 月間残業時間が、数十時間単位で減少した
- 離職率が低減した

## プロジェクトの成功要因

　このプロジェクトからは、定量・定性の両面において、さまざまな変化や成果が生まれました。成功のポイントとなったことには、次のようなものが挙げられます。

①プロジェクトオーナーである事業部門長と「理想的な社員の行動（理想的な組織像）」について徹底的に共有したこと
- 組織内で何が起きているのか？

- 誰のどんな行動がキーになるのか？
- 変革には何が重要か？

などについて、コーチ・エィと事業部門長の間で月一回の頻度で対話を重ね、プロジェクトの成功イメージが明確になったことが、スピーディーな改革の実現につながりました。

### ②組織の変化や成長状況を、全関係者が「実感する場」の創出

長期のプロジェクトでは、継続のためのモチベーションが必要となります。プロジェクトメンバー全員が集合し、進捗状況や成果を共有し合う場を定期的に持ちました。それは、参加者同士が切磋琢磨し合いながら、「情報共有」「ネットワーク構築」「新プロジェクト誕生」につながる場にもなりました。

### ③事務局担当者の「上司側への定期的な関わり」

導入企業の担当者のコミットメントも、成果に大きく影響します。本プロジェクトの事務局Aさんは、参加者一人ひとりに定期的にコンタクトしながら、時には厳しくサポートし続けました。

❖ トップの意識改革と現場リーダーの行動変容を目指したプロジェクト ❖

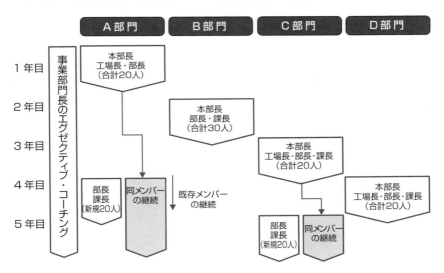

この会社では、プロジェクト参加者が、次年度に新メンバーのメンターになることで、継続続的にプロジェクトに参画する仕組みを構築しています。

# 組織開発に向けてコーチングを全社導入したケース

部門を越えた対話の醸成によりイノベーションの創出へ

　大手電機メーカーD社は、部門を越えて社員同士がコーチングを行なう構造を5年にわたり導入。会社全体として「一歩踏み出す」文化の醸成に取り組んでいます。

　具体的には、社員が自分の業務や専門分野を持ちながら、仕事上は接点のない他部署の社員に業務時間内にコーチングを実施するという取り組みです。

　通常業務と並行して社員同士がコーチングを行なうことで、まさに組織における風土醸成のインフラとして機能しています。

## コーチング導入の背景

　コーチングによる取り組みが始まる発端は、社長が自らにエグゼクティブコーチをつけたことでした。

　社長就任以来、毎期の収益は黒字ながら伸び率が低く、未来の収益の支えとなる新ビジネスやヒット商品を生み出せていないことに、社長は危機意識を持っていました。そこで、自身の経営者としての在り方を見直すためにコーチをつけました。

　社長が業績向上に対して最大の障壁と感じていたのは、社内の停滞したムードでした。ヒット商品が生まれる背景には、多くの挑戦が必要です。そして、挑戦には失敗がつきもののはずなのに、組織から失敗がなくなっている、というのがエグゼクティブ・コーチングを受ける中での社長の気づきでした。

　そこで、20の設問からなる組織風土調査項目を作成し、全社員にアンケートを行なった結果、以下のことが判明しました。

【組織風土調査の結果】
- 社員が組織を越えたコミュニケーションや協力体制の必要性に気づきながら、行動を起こせていない
- 新しいアイデアに挑戦したいという意欲を持ちながらも、失敗を恐れて挑戦に踏み出せていない
- 社員はこの会社で長く働きたいと考えているが、自身の成長実感がなく、"ぬるま湯"体質に陥っている

【組織風土調査の結果を見た社長の考え】
この結果を見た社長は、次のように考えました。

「社員の内側に火種が存在するなら、その火を大きくするきっかけを与えることが必要だ」
「組織を越えたコミュニケーションの必要性に気づいているのならば、組織の壁を越える一歩目を強制的にでも踏み出させればいい」

こうして始まったのが、各部門から選出されたリーダー（社内コーチ）が、業務上では接点のない他部門のメンバー5名にコーチングをする「社内コーチング」活動でした。

## 社内コーチングプロジェクトの効果を高めた基本方針

「一歩踏み出す」活動では、3つの基本方針を徹底しました。

### ①強制的にでも組織の壁を一歩越えること

コーチングの相手は、自部署以外の社員とすることを基本方針としました。

プロジェクト初動時には「なぜ、私が他部署の社員のために貴重な時間を使わないといけないのか？」という反発も多く寄せられました。

しかし、組織リサーチの結果と共に、活動の事務局が「組織外の社員とコミュニケーションの機会をつくることが目的の1つである」というメッ

セージを繰り返し伝え、納得してもらうよう努力しました。
　「部署外に知り合いがいない、ツテがない」という社員には、活動の事務局が仲介者となって社員を紹介しました。
　「一歩踏み出す」活動の2年目に参加した営業部門のS氏は、あえて日頃から利害の対立によって関係性が良くない製造部門の社員をコーチングの相手に誘いました。S氏は半年間のコーチングが終わったあと「今まで製造部門の人たちを、なんて融通の利かない頭の固い連中なんだ、と思いながら接していました。しかし、コーチングを通してじっくりと相手の目指していることや製造部門が達成しようとしていることを聞いてみると、彼らも会社の業績向上に向けて真剣に考え取り組んでいるということがよくわかりました。コーチングをしながら、製造部門の視点から営業を見たら『なんて強引な連中なんだ』と思うだろうなぁ、なんて何度も思いました。今回のコーチングを通して、製造部門の人たちに対するリクエストの伝え方や会議の持ち方が以前からは劇的に変化したと思います」と嬉しそうに話してくれました。活動が2年、3年と継続し、S氏のような経験をする社員が増えるに従って、「なぜ私が他部署の社員のために」という発言は聞かれなくなりました。

**②取り組みをグローバルにも展開**
　社内コーチングを日本国内に留めることなく、「Take a new step project」として、グローバルに点在するグループ全会社に展開しました。
　この方針は、日本人と海外国籍の社員のネットワークを広げただけでなく、副産物として駐在員への強力な支援策ともなりました。
　海外のグループ会社に転籍になったH氏は、「周りに日本人が一人もいない状況での駐在で非常に不安な時期に、定期的に電話で話を聞いてくれる社内コーチの存在は本当に支えになった」と語っています。

**③コーチングで扱う目標は「日頃、取り組んでみたい、挑戦してみたい、と思いながら実行に移せていないこと」を設定する**
- 目標の難易度は各自が自由に設定してよい
- 社内コーチングでの目標が達成できなくても業績評価に対するペナル

ティは一切ない
- コーチング期間が終わったときに、自分なりに「一歩踏み出せた」と思える実感が持てる目標とすること

上記の方針により、社内コーチはコーチング対象者に「取り組んでみたい、挑戦してみたいと思いつつ、実行に移せていないことって何ですか？」と何度も問いかけるようになります。こうして、コーチング対象者は意識の奥に眠っていた挑戦心を自らの言葉にするようになるわけです。

その後の組織調査では、「自ら目標を設定して挑戦をしている」という項目の上昇が確認できました。また「20代のころにずっとやりたいと思いながら心の底にしまっていて、ほとんど忘れかけていたことをコーチングがきっかけで思い出すことができました。社内コーチから『面白いアイデアだ』と背中を押してもらえたことで思い切って上司に提案してプロジェクト化することができました」等のコメントも寄せられています。

## 社内コーチングの実践に向けた支援体制

「一歩踏み出す」活動は初年度からスムーズに進んだわけではありません。さまざまな苦言や課題が現場から寄せられ、それらを乗り越えるさまざまな施策が打たれました。その中から効果の高かった3つの支援策をご紹介します。

### ①上層部の協力と理解促進

初年度の「一歩踏み出す」活動の終了時のアンケートで最も多く寄せられた活動に対する課題認識が「上司や職場が社内でコーチングをすることに非協力的である」ということでした。

そこでD社では、事業部長層がコーチングの効果や価値を理解し、組織変革の推進役となれるよう、すべての事業部長にプロのコーチをつけることにしました。自分自身が体験的にコーチングの効果を体験した事業部長たちの中には「新しい事業部目標の実現には一人ひとりの社員が今まで以上のチャレンジをする必要があるので、積極的に自分に社内コーチをつけ

るように」というメッセージを出すケースもありました。

**②社内広報による理解促進**

「一歩踏み出す」活動の開始から3年間は、組織全体への浸透度も低く、多くの社員がコーチングを理解していないことが原因で社内コーチが難航するということがしばしば起きていました。

ある社内コーチが、コーチング対象者から「なんで部署も違う相手に自分の挑戦したいことを話さないといけないのか？」といわれて困ったという体験談が、いまでは笑い話として語りつがれています。

そこで活動事務局は、社内報の一角に「一歩踏み出す」活動の専用コーナーを設け、社内啓蒙をはじめました。後にそれは「一歩踏み出す」活動の活動報告誌へと成長しました。

**③コーチング専用ブースの設置**

活動の3年目には、社内でコーチングを実践する社員が増え、会議室が不足するという問題が生じはじめました。そこで、コーチング専用の小ぶりな部屋が増設されました。

## コーチングの成果と社内コーチングの継続

社内コーチと、そのコーチングを受けた社員の8割強が、コーチングによる業務へのポジティブな影響や具体的な成果があったと回答し、6割強が組織間の対話が増えている実感があると回答しています。

事後アンケートでは、以下のようなコメントが寄せられています。

【生産性の効率】
- 上司との「相互理解」を意識するようになったことで、効率的な報連相、ミーティング運営ができるようになった
- 後回しにしていたプロジェクトをテーマにコーチングを受けた結果、業務時間の短縮やアウトプットの質の向上につながった
- コーチングを通して、戦略立案には現場に出向くことが必要だと気づ

きがあった。そこでメンバー全員の「現場に出向く機会」をつくるようになり、企画提案の精度が高まった

【部門連係】
- 関係部署間で、文献や書籍、情報の共有が進んだ
- 縦横、ナナメのコミュニケーション量が増えた
- 他部署や、他の工場と、取り組み方法について情報共有が進んだ
- 製造、品質保証、開発、営業のメンバーが集合し、「効率化」に向けた定例会議を開くことで、作業工数の見直しが進み、受注から納品までのスピードが上がり短納期化が促進された
- 関係部門との連携を強化することで、不良原因が解明した

また、上記のような変化から生まれたビジネス・インパクトを金額換算すると、投資額の何倍にもなることがわかりました。同社では、全世界の社員の約10%の社員が、会社が発行する認定社内コーチの資格を持ち、社内コーチングを継続・実践しています。

# 参考文献

『コーチング・マネジメント』
　　　　　伊藤守（ディスカヴァー・トゥエンティワン）　2002年

『3分間コーチ　ひとりでも部下がいる人のための世界一シンプルなマネジメント術』
　　　　　伊藤守（ディスカヴァー・トゥエンティワン）　2008年

『会社を変えるリーダーになる　エグゼクティブ・コーチング入門』
　　　　　鈴木義幸（日本実業出版社）　2009年

『コーチングが人を活かす　やる気と能力を引きだす最新のコミュニケーション技術』
　　　　　鈴木義幸（ディスカヴァー・トゥエンティワン）　2000年

『図解　コーチング流タイプ分けを知ってアプローチするとうまくいく』
　　　　　伊藤守 監修・鈴木義幸 著（ディスカヴァー・トゥエンティワン）　2006年

『セルフトーク・マネジメントのすすめ　常に最高の実力を発揮する方法』
　　　　　鈴木義幸（日本実業出版社）　2008年

『コーチ・エィ アカデミア　テキスト』
　　　　　コーチ・エィ アカデミア

『コーチング5つの原則 コーチング選書 01』
　　　　　J・フラーティ（ディスカヴァー・トゥエンティワン）　2004年

『脳を活かす勉強法』
　　　　　茂木健一郎（PHP研究所）　2007年

『最強組織の法則　新時代のチームワークとは何か』
　　　　　ピーター・M・センゲ（徳間書店）　1995年

『サーバントリーダーシップ』
　　　　　ロバート・K・グリーンリーフ（英治出版）　2008年

『性格は変えられない、それでも人生は変えられる』
　　　　　アルバート・エリス（ダイヤモンド社）　2000年

『人を伸ばす力　内発と自律のすすめ』
　　　　　エドワード・L・デシ、リチャード フラスト（新曜社）　1999年

『「良い質問」をする技術』
　　　　　粟津恭一郎（ダイヤモンド社）　2016年

『ダイアローグ・マネジメント　対話が生み出す強い組織』
　　　　　ケネス・J・ガーゲン、ロネ・ヒエストゥッド 著・伊藤守 監訳
　　　　　　（ディスカヴァー・トゥエンティワン）　2015年

『主体的に動く　アカウンタビリティ・マネジメント』
ロジャー・コナーズ、トム・スミス、クレイグ・ヒックマン 著・伊藤守 監訳
　　　　　　（ディスカヴァー・トゥエンティワン）　2009年

『一流のリーダーほど、しゃべらない』
　　　　　　　　　　　　　　　　桜井一紀（すばる舎）　2017年

『現実はいつも対話から生まれる』
　　　　　　ケネス・J・ガーゲン、メアリー・ガーゲン 著・伊藤守 監訳
　　　　　　（ディスカヴァー・トゥエンティワン）　2018年

# 索　引

## アルファベット順

Behavior ······················································· 52, 58
Have toの目標 ········································· 114, 117, 158
Hope toの目標 ·············································· 114, 115
Ｉメッセージ ························································· 91
PBPの視点 ···························································· 50
Possession ···················································· 50, 56
Presence ················································ 52, 63, 216
Want toの目標 ········································· 114, 117, 158
WEメッセージ ························································ 91
YOUメッセージ ······················································ 91

## 五十音順

### ア行

アクノレッジメント（アクノレッジ） ············ 39, 88, 147, 165
アセスメント ························································· 44
アソシエーション ················································· 209
アナライザータイプ ············································· 102
イラショナルビリーフ ·········································· 167
エバリュエーション ······································· 48, 220
エバリュエーションプラン ····························· 163, 198
オートクライン ············································· 76, 211
オープン・クエスチョン ······································· 145

### カ行

拡大質問 ··························································· 145
聞く ·································································· 142
軌道修正 ····························································· 92
ギャップの原因分析 ············································ 108
クライアント ························································ 14
クローズド・クエスチョン ·································· 145
継続性 ···················································· 70, 84, 201
傾聴 ··························································· 23, 142

255

| | |
|---|---|
| 現状維持のバイアス | 60 |
| 現状の明確化 | 107, 128 |
| 限定質問 | 145 |
| 行動計画の作成 | 108 |
| コーチング | 14 |
| コーチングの3原則 | 70 |
| コーチング・フロー | 106 |
| コーチング・プロセス | 106 |
| コーチングマップ | 26 |
| 個別対応 | 70, 97 |
| コミットメント | 58, 173 |
| コントローラータイプ | 102 |
| コンフロント | 131 |

## サ行

| | |
|---|---|
| サポータータイプ | 102 |
| 3原則 | 70 |
| 自我の欲求 | 90 |
| 自己開示 | 82 |
| 自己効力感 | 48 |
| システミック・コーチング | 226 |
| 自責 | 138, 172 |
| 事前準備 | 155 |
| 質問 | 15, 77, 145 |
| 承認 | 147, 179, 209 |
| 所属の欲求 | 88 |
| 信頼関係 | 81 |
| ストーリー | 159 |
| スライドアウト | 146, 188 |
| 成果承認 | 147 |
| 成長承認 | 147 |
| 成長目標 | 125 |
| セットアップ | 43, 107 |
| セルフイメージ | 131 |
| セルフ・コーチング | 136 |
| 選択的知覚 | 38, 208 |
| 双方向 | 70, 72 |
| 組織開発 | 226 |

存在承認 …………………………………………………………… 147

## タ行

タイプ分け …………………………………………………………… 101
他責 ………………………………………………………… 137, 172
チャンクダウン …………………………………………… 115, 146
提案 …………………………………………………………………… 148
ディソシエーション ……………………………………………… 209

## ナ・ハ行

ノンバーバル情報 ………………………………………………… 90
パラクライン ………………………………………………………… 76
ビヘイビア ……………………………………………………… 52, 58
フィードバック ……………………………… 93, 135, 147, 168, 181
フィードバック・アンケート …………………………………… 132
フォローアップ …………………………………………………… 109
プランニング ………………………………………………… 43, 44
振り返り ……………………………………………………………… 43
プレコーチング …………………………………………………… 187
プレゼンス ……………………………………………………… 52, 63
プロモータータイプ ……………………………………………… 102
ペーシング ………………………………………………………… 143
返報性の法則 ……………………………………………………… 82
ポゼッション ……………………………………………………… 50, 56
ほめる ………………………………………………………………… 90

## マ行

マズローの欲求５段階説 ………………………………………… 87
目的 ……………………………………………………………………… 26
目標 ……………………………………………………………………… 26
目標の明確化 ……………………………………………… 107, 111

## ヤ・ラ行

要望 …………………………………………………………………… 149
ラベリング ………………………………………………………… 162
リアルセルフ ……………………………………………………… 131
リクエスト ………………………………………………… 94, 149
リサーチ ……………………………………………………………… 43

———— 著者一覧 ————

**栗本　渉（くりもと　わたる）**

エグゼクティブコーチ。早稲田大学法学部卒業。
ITコンサルティング会社を経てコーチ・エィに入社。企業変革を推進するプロジェクトの企画から実施までトータルに携わっている。企業の経営幹部に対するエグゼクティブ・コーチングをきっかけに、組織全体の変革プロジェクトを企画し、エグゼクティブが実現したい組織をつくり上げるための長期的なソリューションの提供を行なう。

**片桐　多佳子（かたぎり　たかこ）**

エグゼクティブコーチ。東北大学経済学部卒業。
株式会社富士総合研究所にてシステムの設計・開発・運用、プロジェクトマネジメントに従事。コーチ・エィに入社し、現在は、経営層へのエグゼクティブ・コーチングとともに、大規模組織開発プロジェクトを複数リードし、変革のプロセスを企画から成果創出までトータルに支援。

**村方　仁（むらかた　ひとし）**

エグゼクティブコーチ。慶應義塾大学大学院政策メディア研究科修士課程修了。
日本オラクル株式会社にて大規模システムの構築・運用コンサルタントとして活動後、コーチに転身。現在は数多くの経営層のエグゼクティブ・コーチングや組織開発プロジェクトに従事しながら、コーチングのトレーニングプログラムの開発なども手掛ける。

---

**コーチ・エィ　公式メールマガジン**

コーチ・エィでは、週1回、業績向上を実現する組織開発の手法やコーチング、リーダーシップ、マネジメントに関する情報を発信しています。配信をご希望の方は、下記ウェブサイトまたは右のQRコードよりご登録ください。
https://www.coacha.com/wgc/register.html

コーチ・エィ

エグゼクティブを起点とした組織開発をドライブするエグゼクティブ・コーチング・ファーム。組織における多様な関係性に注目し、最新のテクノロジーを駆使したリサーチによるデータ分析に基づいたコーチングが特長。

東京、ニューヨーク、上海、香港、バンコクに拠点を構え、コーチ・エィ独自のアプローチで、組織内における主体的行動を促進するシステミック・コーチング™をワールドワイドに提供。日本語、英語、中国語、タイ語による支援を世界各地で推進している。

コーチングやリーダーシップ、マネジメントに関する情報を発信中
https://www.coacha.com/

鈴木義幸（すずき　よしゆき）

コーチ・エィ代表取締役社長／エグゼクティブコーチ
慶應義塾大学文学部人間関係学科社会学専攻卒業
株式会社マッキャンエリクソン博報堂（現・株式会社マッキャンエリクソン）に勤務後、渡米。ミドルテネシー州立大学大学院臨床心理学専攻修士課程を修了。帰国後、コーチ・トゥエンティワンの設立に携わる。2001年、株式会社コーチ・エィ設立と同時に、取締役副社長に就任。2007年1月、取締役社長就任。2018年1月より現職。著書に『コーチングが人を活かす』『リーダーが身につけたい25のこと』『「承認（アクノレッジ）」が人を動かす』（以上、ディスカヴァー・トゥエンティワン）など。

## 新版　コーチングの基本

2009年9月1日　初版発行
2019年1月20日　最新2版発行
2024年9月10日　第11刷発行

監修者　鈴木義幸　©Y.Suzuki 2019
著　者　コーチ・エィ　©COACH A 2019
発行者　杉本淳一

発行所　株式会社日本実業出版社　東京都新宿区市谷本村町3-29 〒162-0845
編集部　☎03-3268-5651
営業部　☎03-3268-5461　振　替　00170-1-25349
https://www.njg.co.jp/

印刷／厚徳社　　製本／共栄社

この本の内容についてのお問合せは、書面かFAX（03-3268-0832）にてお願い致します。
落丁・乱丁本は、送料小社負担にて、お取り替え致します。

ISBN 978-4-534-05659-7　Printed in JAPAN

下記の価格は消費税(10%)を含む金額です。

# 日本実業出版社の本
## 「基本」シリーズ

安原 智樹＝著
定価 1760円（税込）

波田 浩之＝著
定価 1650円（税込）

山田 隆太＝著
定価 1760円（税込）

神川 貴実彦＝編著
定価 1760円（税込）

克元 亮＝編著
定価 1980円（税込）

日本総合研究所 経営戦略研究会＝著
定価 1650円（税込）

定価変更の場合はご了承ください。